W. (Wilhelm) Zopf

Zur Morphologie und Biologie der niederen Pilzthiere

zugleich ein Beitrag zur Phytopathologie

W. (Wilhelm) Zopf

Zur Morphologie und Biologie der niederen Pilzthiere
zugleich ein Beitrag zur Phytopathologie

ISBN/EAN: 9783743676817

Hergestellt in Europa, USA, Kanada, Australien, Japan

Cover: Foto ©berggeist007 / pixelio.de

Weitere Bücher finden Sie auf **www.hansebooks.com**

ZUR MORPHOLOGIE UND BIOLOGIE

DER

NIEDEREN PILZTHIERE

(MONADINEN),

ZUGLEICH EIN BEITRAG ZUR PHYTOPATHOLOGIE.

Von

DR. W. ZOPF,

PRIVATDOCENT DER BOTANIK AN DER UNIVERSITÄT HALLE,
MITGLIED DER KAISERL. LEOP. CAROL. AKADEMIE DER DEUTSCHEN NATURFORSCHER.

MIT FÜNF LITHOGRAPHIRTEN TAFELN IN FARBENDRUCK.

LEIPZIG,
VERLAG VON VEIT & COMP.
1885.

Vorwort.

Vorliegende Untersuchungen bewegen sich auf einem Terrain, das dem Grenzgebiet zwischen Thier- und Pflanzenreich angehört.

Es handelt sich nämlich um Beiträge zur Kenntniss derjenigen Gruppe von Organismen, die CIENKOWSKI unter dem Namen der Monadinen in die Wissenschaft einführte.

In meiner Schrift: Die Pilzthiere (Breslau 1884) habe ich die Idee von der Verwandtschaft dieser bisher zu den Protozoen gerechneten Gruppe mit den höheren Pilzthieren (Mycetozoen i. e. S.) in vergleichend morphologischer und vergleichend physiologischer Betrachtung durchzuführen versucht, zu einem wesentlichen Theile gestützt auf die in vorliegender Abhandlung niedergelegten Beobachtungen.

Die Abhandlung entstand in folgender Weise:

Bekanntlich hat vor einer längeren Reihe von Jahren HAECKEL in das System der Organismen eine neue Gruppe eingeführt, welche er mit dem Namen der „Moneren" bezeichnete.

Die Repräsentanten dieser Gruppe weichen nach dem genannten Forscher von allen anderen Organismen darin ab, dass sie grösste Einfachheit der Organisation aufweisen: es fehlt ihnen der Kern, es fehlt ihnen die Vacuolenbildung, es fehlt ihnen endlich jede andere Art von Differenzirung, sodass sie in den vegetativen Zuständen ein blosses Eiweissklümpchen darstellen, das jeglicher Structur ermangelt.

Mit der Moneren-Gruppe würde also das noch fehlende unterste Glied im Systeme der Organismen aufgefunden sein, mit der structurlosen Moneren-Zelle das denkbar möglichste erste Product der Urzeugung.

Bei der Wichtigkeit, welche diese HAECKEL'sche Moneren-Theorie besitzt, erschien mir eine Prüfung derselben besonders wünschenswerth.

Eine solche Prüfung musste natürlich an eben denselben Objecten vorgenommen werden, welche HAECKEL ausdrücklich als Moneren bezeichnet.

Es sind dies unter anderen *Vampyrella Spirogyrae* Cienk., *V. vorax* Cienk., *V. pendula* Cienk. und *Monas amyli* Cienk. (*Protomonas amyli* Haeckel). ▸

Als Ergebniss dieser Prüfung stellte sich heraus, dass der HAECKEL'sche Begriff des Moners auf die in Rede stehenden Organismen nicht zur Anwendung gebracht werden darf, insbesondere auch die, vor HAECKEL schon von CIENKOWSKI und nach HAECKEL nochmals von KLEIN gemachte Behauptung von der Kernlosigkeit der *Vampyrella*- und *Protomonas*-Zustände nicht wohl aufrecht erhalten werden kann.

Vorstehendes Resultat ward bereits vor vier Jahren gewonnen. Bald sollte mich ein glücklicher Zufall in den Besitz von zahlreichen, zum grössten Theil neuen Monadinen bringen, welche sich den Vampyrellen einerseits und der *Monas amyli* andererseits anzuschliessen schienen. Ich habe daher diese Objecte in den letzten Jahren gleichfalls möglichst eingehend nach der morphologischen und biologischen Seite untersucht.

Die Ergebnisse dieser Untersuchungen mögen hier angeschlossen werden, jedoch nur in einer Auswahl, da die Zahl der Tafeln sonst hätte erheblich erhöht werden müssen. Die übrigen Objecte sollen an anderer Stelle veröffentlicht werden.

Schliesslich stellte sich das Bedürfniss heraus, die zahlreichen morphologischen und biologischen Thatsachen zusammenzufassen und mit bereits bekannten in Verbindung zu bringen. Auf diese Weise wurde eine allgemeine Uebersicht der Monadinenkenntniss gewonnen.

Ich hatte anfänglich die Absicht, diese Uebersicht als Anhang zu vorliegender Abhandlung zu geben, habe aber später diesen Plan dahin geändert, dass ich eben diese Zusammenfassung in der genannten, kürzlich in SCHENK's „Handbuch der Botanik" erschienenen Arbeit verwerthete.

Inhalt.

—

—————

Erster Abschnitt.

Zur Kritik der Haeckel'schen Monerentheorie.

A. Beobachtungsergebnisse.

1. Vampyrella (Leptophrys) vorax Cienk.

(Hierzu Tafel I.)

In einer Oedogonien, Bulbochaeten, Spirogyren, Desmidien und Diatomeen enthaltenden Cultur fand sich nach etwa anderthalb Monaten neben *Vampyrella pendula* Cienk. und *Vampyrella variabilis* Klein in grösster Massenhaftigkeit eine andere riesige Vampyrellee ein, welche sich auf Grund eingehender Untersuchung und Vergleichung identisch erwies mit der von Cienkowski[1] als *Vampyrella vorax* aufgestellten, neuerdings auch von Klein[2] untersuchten Art.

Das schöne, mir in solchem Reichthum noch nie vorgekommene Material an Amoeben- und Cysten-Zuständen wurde verwandt zur Prüfung der Frage, ob denn wirklich, wie Haeckel behauptet, vor ihm schon Cienkowski geglaubt, und erst vor Kurzem noch Klein bestätigt hatte, eine Differenzirung des Plasmakörpers fehlt. Und zwar nahm ich diese Prüfung sowohl am Amoeben-, als am Cysten-Stadium vor.

1. Amoebenzustand.

Betrachtet man den riesigen Amoebenkörper (Taf. I. Fig. 1), so kann man zunächst ohne Mühe constatiren, dass derselbe besteht aus zweierlei Substanzen: einer homogenen, schwach lichtbrechenden, körnchenlosen, dem „Hyaloplasma" und einer in dieses eingebetteten körnigen Substanz, dem „Körnchenplasma". Ersteres vermittelt die Bewegung, es bildet an den Stellen, wo es vorwärts strebt, einen breiten homogenen Saum (Fig. 1. H.), der radienartige, lange und zarte, meist einfache, seltener verzweigte Pseudopodien treibt. Die Körnchen des Körnchenplasmas sind klein und deutlich zu einem netzartigen Maschenwerk (Fig. 1. K.) angeordnet, das diluirt-schmutzig-röthliche Tinction zeigt, die aber bei diesem und jenem Individuum fehlt, wodurch dann der Körper mehr grau erscheint.

[1] Beiträge zur Kenntnis der Monaden: Max Schultze's Archiv I, p. 223. Taf. 13. Fig. 64—73.
[2] *Vampyrella*, ihre Entwickelung und systematische Stellung. Botan. Centralblatt Bd. XI, p. 209.
Vergleiche auch W. Zopf, Die Pilzthiere (Breslau, Trewendt 1884) p. 109.

Es wurden nun solche in Hyaloplasma und Körnchenplasma differenzirte Amoeben geprüft auf etwaige Gegenwart von Kernen.

Auf rein optischem Wege vorgenommen ergab diese Prüfung stets ein vollkommen negatives Resultat; selbst bei Anwendung der besten Immersionen. HAECKEL schien mir daher zunächst Recht zu haben, wenn er die völlige Kernlosigkeit der Körper behauptete.

Allein es lag nach sonstigen Erfahrungen die Vermuthung nahe, es möchten die Kerne von so schwachem Lichtbrechungsvermögen sein, dass sie sich aus der Plasmamasse optisch nicht herausheben.

Ich wandte deshalb Färbungsmethoden an, und zwar zunächst die BRANDT'sche Lebendfärbung, d. h. ich verdünnte wässrige mit sehr wenig Alaun versetzte Hämatoxylinlösung in so hohem Grade, dass sie die unter Deckglas befindlichen Amoeben nicht tödtete. Es zeigte sich nun, dass in dem Körper der sich zunächst ungestört weiter bewegenden Amoeben kleine rundliche Körperchen hervortraten, die anfangs blasse, dann intensivere Blaufärbung annahmen. Auch bei Anwendung von anderen Färbungsmitteln, wie GRENACHER's Borax-Carmin, Alaun-Carmin, stärkerem Haematoxylin-Alaun etc. auf zuvor mit Abtödtungsmitteln (Chromsäure, MERKEL'sche Lösung, Pikrinschwefelsäure) fixirte Objecte traten jene Körperchen und zwar sehr scharf hervor. In kleinen Amoeben-Exemplaren waren sie etwa zu einem Dutzend (Taf. I. Fig. 3), in grösseren indessen zu mehreren bis vielen Dutzenden vorhanden und zeigten, wenn die Amoebe sich flach ausgebreitet hatte, eine Lagerung in ziemlich regel-mässigen Abständen.

Schon diese Farbstoffreactionen wiesen darauf hin, dass die rundlichen Körperchen wohl Kerne sein möchten; allein absolute Sicherheit vermögen sie doch nicht zu geben, denn es kommen in dem Plasmakörper mancher Organismen noch andere kleine Körper vor von derselben Reaction (z. B. die Pyrenoïde der Algen nach SCHMITZ). Wir müssen uns also nach einem anderen, sichereren Kriterium umsehen, und dieses liegt in der Amoeboïdität der Kerne. Untersucht man nämlich lebend gefärbte Amoeben, so sieht man jene Körperchen schwache, aber deutliche Bewegungen ausführen, die freilich später bei stärkerer Färbung und damit erfolgender Abtödtung aufgehoben werden.

Im Verein mit der Färbung weist die Eigenschaft der Amoeboïdität wohl bestimmt darauf hin, dass die vorstehenden Körperchen Kerne darstellen.

Die Amoeben der *Vampyrella vorax* würden demnach als mehr- oder vielkernig anzusprechen sein, und hierin liegt einer der Gründe, weshalb ich in der citirten Schrift über die „Pilzthiere" diese *Vampyrella* von den übrigen Vampyrellen abtrennte und ein besonderes Genus *(Leptophrys)* für sie ercirte.

Aus dem Vorstehenden dürfte sich bereits ergeben, dass die Annahme einer Differenzirungslosigkeit der Amoeben nicht wohl aufrecht erhalten werden kann.

Aber noch andere, höchst eigenthümliche Befunde lassen sich gegen eine solche Annahme geltend machen.

Bei Betrachtung einer Amoebe, die sich flach ausgebreitet hat, wird man stets die Bemerkung machen, dass die Körnchen des Körnerplasmas die bereits oben angedeutete charakteristische Lagerung zeigen, nämlich eine Anordnung zu netzförmig verbundenen Maschen (Taf. I. Fig. 1. K.). Dadurch erhält der Plasmakörper ein eigenthümliches, schaumiges

Ansehen. Auch Cienkowski[1] hat diese charakteristische Anordnung gesehen und in einigen Figuren deutlich abgebildet. Desgleichen gaben Hertwig und Lesser[2] von ihrer *Leptophrys cinerea* und *elegans*, die nach Cienkowski's, Klein's und meiner Auffassung identisch sind mit *Vampyrella vorax*, instructive Abbildungen dieser Verhältnisse.

Worauf beruht nun diese zierliche Anordnung der Plasmakörnchen? Die genannten vier Forscher sind übereinstimmend der Meinung, dass dieselbe bedingt sei durch Anwesenheit zahlreicher Vacuolen. So sagen Hertwig und Lesser: „Das Protoplasma des Körpers ist von kleinen Vacuolen so dicht durchsetzt, dass nur dünne Brücken die einzelnen Flüssigkeitsräume trennen. Dieselben sind von nahezu gleicher Grösse und nicht contractil. Die dünnen, zwischen ihnen verlaufenden Protoplasmabrücken sind erfüllt von feinen Körnern, welche sich, wie die Vacuolen, durch auffallende Constanz ihrer Grösse auszeichnen."

Die Maschenräume werden mithin aufgefasst als Flüssigkeit führende Behälter. Ich selbst habe früher an Material, was ich zu wiederholten Malen um Berlin fand, die Sache ganz ebenso gesehen und ebenso aufgefasst. Erst neuerdings stellte ich, angeregt durch die Haeckel'sche Behauptung, dass die *Vampyrella vorax* auch keine Vacuolen besitze, nochmalige und zwar genauere Beobachtungen an. Besonders auffällig war mir hierbei die schon von Hertwig und Lesser bemerkte Constanz der Hohlräume. Selbst wenn ich längere Zeit und bei starker Vergrösserung eine kleine Partie des Plasmakörpers fixirte, konnte ich nie eine Grössen- oder Formveränderung constatiren, während doch sonst Vacuolen, auch wenn sie nicht gerade contractil erscheinen, in beiderlei Beziehungen Veränderungen erfahren. Dieser Umstand brachte mich auf die Vermuthung, dass die Vacuolen vielleicht gar nicht Hohlräume, sondern feste Körper seien. Ich zerdrückte daher eine Amoebe und siehe da, es wurden in grosser Zahl winzige feste Körperchen befreit, von der Grösse der vermeintlichen Hohlräume (Taf. I. Fig. 17 *a b c*). Aus dem geringen Lichtbrechungsvermögen erklärt es sich, warum sie im Plasma der Amoebe so wenig als Körper hervortreten.

Wie man sich beim Rollen unter Deckglas überzeugt, haben die Körperchen Linsenform. Infolge des Druckes, den sie bei dichter Lagerung im Amoebenkörper aufeinander ausüben, erhalten sie bisweilen stumpfeckige Contouren (Taf. I. Fig. 17 *a b c*).

Die Körperchen sind von sehr geringer Grösse. Selbst die stattlichsten, die ich fand, massen meist nicht über 4 mikr; die kleinsten hatten etwa 1 mikr im Durchmesser.

Die Körperchen besitzen ferner eine besondere, an Stärkekörner erinnernde Structur. Sie zeigen nämlich concentrische Schichtung. An grösseren (Taf. I. Fig. 17 *a b*) erscheint der centrale Theil sehr schwach lichtbrechend, dann folgt eine stärker lichtbrechende Schicht, dann wieder eine schwächer und eine stärker lichtbrechende Lage. An kleineren Körnern lassen sich gewöhnlich nur zwei Schichten unterscheiden, eine centrale, sehr schwach lichtbrechende und eine pheripherische, etwas stärker lichtbrechende (Taf. I. Fig 17 *c*). Etwas deutlicher noch tritt, namentlich an grösseren Körnern, die Schichtung bei Behandlung mit Jodjodkalium hervor. Sehr kleine Körner sind scheinbar ungeschichtet.

---

[1] Max Schultze's Archiv Bd. XII. Ueber einige Rhizopoden und verwandte Organismen.
[2] Ueber Rhizopoden und denselben nahe stehende Organismen. Max Schultze's Archiv Bd. X. Supplement p. 57 ff. und Taf. II, Fig. 3, 4.

Was ihre chemische Natur betrifft, so war zu ermitteln, ob sie Eiweisskörper oder ein Kohlehydrat darstellen.

Die erstere Möglichkeit konnte bald eliminirt werden, da die bekannten Reactionsversuche mit MILLONS'schem Reagens, Kochsalzlösung etc. mit negativem Resultat angewandt wurden. Es blieb also nur die zweite Möglichkeit, und so wurden die Körperchen auf Cellulose, Stärke, Paramylum und Cellulin geprüft. Das Resultat war folgendes:

1) Durch Jodlösung und Jodjodkalimulösung nicht gefärbt oder diluirt gelblich.

2) Durch Chlorzinkjod nicht gelöst, nicht gefärbt oder nur schwach gelbgrünlich.

3) Durch etwa 10% Kalilösung stark aufquellend und plötzlich in Lösung übergehend.

4) Durch concentrirte Schwefelsäure stark aufquellend und dann gleichfalls plötzlich sich lösend.

5) Durch Haematoxylin-Alaun nicht gefärbt.

6) Durch Wasser, Alkohol und Aether nicht gelöst.

Hiernach können die Körperchen weder Stärke sein (wie der Mangel der Jodreaction zeigt), noch Cellulin (wie die Lösungsunfähigkeit in Chlorzinkjodlösung beweist), noch Cellulose (wie sich aus dem Verhalten gegen Jod und Schwefelsäure, sowie Chlorzinkjod ergiebt). Dagegen stimmen die Reactionen (namentlich mit Kalilauge und Schwefelsäure) durchaus überein mit den Reactionen des Paramylum.

Ich glaube hiernach annehmen zu dürfen, dass die fraglichen Körper in der That Paramylum repräsentiren.

Durch die Gegenwart dicht gedrängter Paramylumkörner wird nun jene eigenthümliche netzmaschige Anordnung des Körnchenplasmas bedingt, das sich bei flacher Ausbreitung der Amoeben in den Zwischenräumen zwischen den Paramylumkörnern ansammeln muss. Daher wird auch, wenn die Amoebe sich contrahirt, die Paramylumkörner also übereinander gelagert werden, diese Anordnung aufgehoben. An Stellen, wo kein Paramylum liegt, findet sie übrigens auch bei flacher Ausbreitung der Amoebeñ nicht statt, ein weiterer Beweis, dass sie von der Lagerung der Paramylumkörner abhängig ist.

In dem Nachweis des soeben besprochenen Inhaltskörpers liegt ohne Zweifel ein weiterer Beweis, dass der Plasmakörper der *Leptophrys vorax* wohl differenzirt ist.

Die Gegenwart von Paramylum bildet zugleich ein weiteres wichtiges Merkmal zur Unterscheidung der Gattungen *Leptophrys* und *Vampyrella*.

Zur Beantwortung der nicht unwichtigen Frage, ob die Amoeben der *Leptophrys vorax* etwa die Fähigkeit besässen, Zweitheilung einzugehen, habe ich vielfache Beobachtungen angestellt, die befriedigende Resultate ergaben, insofern sich alle Phasen dieses Vorganges verfolgen liessen.

Zunächst sah ich den Process sich vollziehen an einer Amoebe, die im Austreten aus der Cyste begriffen war. Sie ist in Taf. I. Fig. 14 dargestellt. Die beiden bereits ausserhalb der Cyste liegenden verbreiterten, je einem Oedogoniumfaden (O.) sich anschmiegenden Enden hingen in der Cyste zunächst noch durch einen dicken Strang zusammen, der sich aber nach und nach zu einem dünner und dünner werdenden Isthmus auszog, schliesslich nur noch die Form eines dünnen Fadens hatte und endlich plötzlich mit einem Ruck zerriss, wobei die Enden sich sofort ganz aus der Cyste herauszogen.

Aber auch an freien Amoeben und zwar solchen, die bereits mit Ingestis beladen waren, liess sich die Zweitheilung beobachten, so z. B. an dem in Fig. 4 abgebildeten Riesenexemplar. Nach etwa halbstündiger Beobachtung zog es sich allmählich zu einer ungeheuer laugen Hantelform aus, deren Enden stark amoeboid blieben (ähnlich der Fig. 2). Der Griff der Hantel wurde immer länger, die Mitte immer schmäler, zuletzt zog sie sich auch hier zu einem langen hyalinen Faden aus, der schliesslich mit einem Ruck zerriss. Hierauf wurden die Theilungsenden allmählich in den Körper der Tochter-Amoeben eingezogen. Es sei bemerkt, dass jene Amoebe vor der Theilung bereits Stücke des in Fig 4o dargestellten Oedogonienfadens aufgenommen hatte. Diese wurden bei dem Theilungsvorgange so vertheilt, dass jedes Ende einige Fadenstücke behielt, die Tochter-Amoeben also gleich mit Nahrung versehen waren. Während des Theilungsprocesses blieb die Pseudopodienbildung in ihrer ursprünglichen Lebhaftigkeit bestehen.

An den Theilungsstadien habe ich immer den Eindruck gewonnen, als ob der Theilungsact keineswegs der Ausdruck einer morphologischen oder physiologischen Nothwendigkeit sei, sondern vielmehr eine gewaltsame Zerreissung vorliege, veranlasst dadurch, dass beide Enden des stark sich streckenden Körpers energisch nach zwei entgegengesetzten Richtungen streben, bis ihr Zusammenhang nicht mehr möglich ist. Die Theilhälften sind daher keineswegs immer, sondern nur zufällig einmal gleich, auch die Kernzahlen und die Zahlen der Paramylumkörner, wie es scheint, mehr oder minder ungleich. Uebrigens fliesst auch, sobald das eine der vorwärts strebenden Enden einmal im Vergleich zum andern geringere Energie entwickelt, das Plasma derselben sofort ganz oder theilweise zurück und die Trennung unterbleibt für kürzere oder längere Zeit, vielleicht für immer.[1]

Während es mir trotz besonders darauf hin gerichteter Beobachtungen nicht gelang, für andere Vampyrellen die von Klein[2] gefundene Plasmodienbildung zu beobachten, habe ich das Glück gehabt, dieselbe bei Leptophrys vorax, wenn auch nur in einem Falle, bestimmt zu beobachten, und zwar an zwei Amoeben, die soeben einer und derselben Cyste entschlüpften. Der Vorgang war der, dass sich die beiden Amoeben mit ihren Pseudopodien berührten und dann in einander schmolzen zu einer einzigen Amoebe, ein Act, der sich in wenigen Secunden vollzog.

Da Klein in diesem Vorgange einen Sexualact sieht, so war es mir interessant, zu prüfen, ob das Verschmelzungsproduct viele Kerne, oder nur einen einzigen, durch Verschmelzung der übrigen entstandenen, enthielte. Die Lebendfärbung mit Haematoxylin-Alaun ergab nun, dass das Letztere nicht stattgefunden, vielmehr zahlreiche Kerne vorhanden waren. Auf Grund dieser Beobachtung glaube ich jenen Vorgang nicht als eine Copulation, sondern als eine blosse Fusion, also als vegetativen Process ansehen zu dürfen, der ein Analogon für die Plasmodienbildung der höheren Mycetozoen bietet.

Unter gewissen Ernährungsverhältnissen sind die Körnchen des Körnchenplasmas zum Theil, und zwar röthlich oder rothbräunlich gefärbt. Das ist namentlich bei den Exemplaren der Fall, die sich von Bacillariaceen nähren. Daher erscheinen hier die Amoeben oft deutlich ziegelroth. In anderen Fällen (z. B. bei Ernährung durch grüne Algen) tritt die Tinction (freilich nicht immer) schwächer oder gar nicht auf. Im letzteren Falle erscheinen die Amoeben hyalin oder mehr grau. Eine schwach tingirte Amoebe ist bei ganz

---

[1] Vgl. auch meine Pilzthiere p. 19 (Fig. 4, VII).   [2] loc. cit.

flacher Ausbreitung anscheinend vollkommen farblos, erst bei mehr oder minder stärkerer Contraction ist die Tinction wahrzunehmen. Schon CIENKOWSKI und später auch KLEIN haben ähnliche Beobachtungen gemacht und ich finde mit ihnen, dass *Leptophrys cinerea* und *elegans* HERTWIG's und LESSER's nur Varietäten der *Leptophrys vorax* darstellen.

2. Cystenzustand (Zoocysten).

Haben die Amoeben ein gewisses Alter erlangt, so treten sie unter den bekannten Erscheinungen, Einziehung der Pseudopodien, Abrundung des Plasmakörpers und Abscheidung einer Membran in den Zustand der Zoocysten (Taf. I. Fig. 8. 10. 12) über.

Bezüglich der Gestalt dieser Zustände walten beträchtliche Variationen ob. Man kann im Allgemeinen unterscheiden zwischen rundlichen und gestreckten Formen. Erstere sind entweder kugelig, halbkugelig, eiförmig, birnförmig oder herzförmig, bisweilen auch stumpf drei- oder viereckig bis polygonal, mitunter etwa rautenförmig. Die gestreckten Formen erscheinen in Gestalt von meist sehr ansehnlichen Cylindern, Keulen, Flaschen, Spindeln, Bisquitformen. Auch hier zeigen die Contouren vielfach den Charakter des Eckigen, Unregelmässigen, Ausgeschweiften.

Nicht minder grosse Variabilität bieten die Grössenverhältnisse dar.

Im Vergleich zu den Vampyrellen sind die Dimensionen riesige. Ich fand Cysten, die $^1/_4$ millim. und darüber in der Länge und in der Dicke 63 mikr. massen, bei kleineren freilich kann der grösste Diameter auf 60 mikr. herabsinken.

Die Cystenhaut zeigt derbe Beschaffenheit, aber keinerlei Lamellendifferenzirung. Sie ist glatt, farblos und besteht, wie die Blaufärbung durch Jod und Schwefelsäure zeigt, aus einer cellulose(?)-ähnlichen Substanz, stimmt also in dieser Hinsicht mit der Cystenmembran der Vampyrellen überein.

Was den Inhalt der Cysten anlangt, so lässt, derselbe bei beginnender Reife in der Regel eine deutliche Differenzirung in einen plasmatischen Wandbelag und eine mehr oder minder riesige centrale Vacuole erkennen, innerhalb deren verdaute Nahrungsreste liegen.

Der Wandbelag besteht aus den bekannten, dicht gelagerten, feinen, stark lichtbrechenden Körnchen von nicht sehr variablen Dimensionen und diluirt schmutzig-röthlicher Tinction. Solche Cysten, die aus mehr oder minder farblosen Amoeben hervorgegangen sind, müssen natürlich gleichfalls mehr oder minder ungefärbt erscheinen.

Jene Körnchenmasse zeigt sich durchsetzt mit Paramylumkörnern(Taf. I. Fig. 9. p. 12), deren Körperlichkeit hier bei dichter Neben- und Uebereinanderlagerung schon etwas mehr hervortritt, als bei der Amoebenform, infolge des dadurch etwas stärker werdenden Lichtbrechungsvermögens.

Es wäre denkbar, dass bei Bildung der Cyste die Kerne der ursprünglichen Amoebe zu einem einzigen verschmelzen möchten, allein die erwähnten Färbungsmethoden lehren, dass dies nicht der Fall, die Cyste vielmehr, wie das vegetative Stadium, vielkernig erscheint. In grösseren Cysten sind mehrere bis viele Dutzende von Kernen vorhanden.

Wir werden im weiteren Verlauf dieser Arbeit sehen, dass auch die Vampyrellen (z. B. *V. variabilis*) Cysten besitzen, welche schliesslich mehrere Kerne in den Zoocysten aufweisen, allein diese sind durch Theilung aus einem einzigen Kern hervorgegangen.

Die Cyste der *Leptophrys vorax* aber ist von vornherein mehr- resp. vielkernig, weil die Amoebe, aus der sie hervorging, wie wir bereits sahen, mehr- bis vielkernig erscheint.

Wenn wir bis jetzt den plasmatischen Wandbelag näher kennen lernten, so wenden wir uns nun zu den Einschlüssen der Cysten.

Diese Einschlüsse zeigen grosse Mannigfaltigkeit, insofern sie sowohl in Resten der verschiedensten Vegetabilien, als auch in niederen Mycetozoen und in kleinen Wasserthierchen bestehen können (vgl. Taf. I. Fig. 8—16).

In meinen Culturen wurden die Einschlüsse vorwiegend gebildet von den verschiedensten Algen, z. B. eng- und weitlumigeren Oedogonien, kleinen Coleochaeten, verschiedenen Desmidien und Palmellaceen (Chlamydomonasartigen), sowie von Bacillarien (z. B. Navicula-Arten). Zellen von Spirogyren dagegen fanden sich, trotz ihres reichlichen Vorkommens in der betreffenden Cultur, niemals in den Cysten. Vielfach konnte man ferner Vampyrellen im Sporoeysten- und Zoocysten-Zustand eingeschlossen finden (z. B. *Vampyrella pendula* Cienk. (Fig. 9v), deren gestielte Cysten dann gewöhnlich noch dem Oedogoniumfragment ansassen) und endlich sah ich auch Cysten von einem Räderthierchen (mit stacheligen Anhängen besetzt wie in Fig. 5) von der *Leptophrys*-Cyste eingeschlossen.

Zur Reifezeit zerklüftet sich der plasmatische Wandbelag der Cyste, je nach der Grösse derselben, in zwei oder mehrere Portionen, die ebensovielen Amoeben entsprechen; nur in kleineren Cysten unterbleibt der Vorgang, weil hier der gesammte Inhalt zur Bildung einer Amoebe verwandt wird.

Wenn man reife Cysten, die unter Deckglas gehalten werden, im Auge behält und dafür sorgt, dass ab und zu ein frischer Tropfen an den Rand des Deckglases gegeben und ein Theil des alten Wassers abgesogen, also eine Concentration der im Wasser gelösten Substanzen verhindert wird, so kann man, oft schon nach wenigen Minuten, oft erst nach ein bis zwei Stunden constatiren, dass der Cysteninhalt in Form von einer bis mehreren Amoeben austritt (Taf. I. Fig. 13. 14.).

Um in Freiheit zu gelangen, bohrt sich, ähnlich wie bei den Vampyrellen, jede Amoebe ein besonderes Loch in der Cystenhaut und schlüpft durch dasselbe mit Hülfe amoeboïder Bewegungen langsam aus. So sieht man in Taf. I. Fig. 13 vier Amoeben (*a b c d*) an vier verschiedenen Punkten die Cyste verlassen, während der Cyste in Fig. 1 *B*. eben eine einzige, beistehend gezeichnete Amoebe entschlüpfte.

Bisweilen ist das Loch, durch welches sich der Plasmakörper hindurchzwängt, so eng, dass die grössten Paramylumkörner dasselbe gar nicht passiren können und zurückbleiben müssen. Oft sieht man Dutzende solcher Paramylumkörner in der entleerten Cyste zurückgehalten (Taf. I. Fig. 16 p. p.). Mir war schon früher die Thatsache, dass in den entleerten Leptophrys-Zellen kleine farblose Kügelchen vorkommen, bekannt geworden, aber ihre Natur blieb mir räthselhaft, ja ich hielt sie eine Zeitlang für fremde Parasiten, bis ich direct beobachtete, wie eine durch ein enges Loch ausschlüpfende *Leptophrys*-Amoebe beim Austritt aus der Cyste die grössten Paramylumkörner, ich möchte sagen wie Kothballen, im Cystenraum zurückliess. Wahrscheinlich sind die Körperchen auch schon anderen Beobachtern entgegengetreten, denn die Erscheinung ist, wenigstens nach meinen Erfahrungen, recht häufig, besonders an Cysten, welche als Einschlüsse Diatomeen zeigen (Taf. I. Fig. 16.)

Die eben ausgeschlüpfte Amoebe breitet sich flach zu einem durchsichtigen Körper von bedeutenden Dimensionen aus und nimmt allerlei sonderbare, meistens gelappte Formen an (Taf. I. Fig. 1 *A*; Fig. 4).

Fortgesetzte continuirliche Beobachtungen an eben ausgeschlüpften Amoeben ergaben, dass der weitere Entwickelungsgang sich folgendermassen modificiren kann:

1) Die vom Momente ihres Ausschlüpfens beobachtete Amoebe nimmt Nahrung auf und tritt dann in den Cysten-Zustand ein.

2) Die Amoebe nimmt Nahrung auf und theilt sich hierauf. Jedes Theilstück geht sodann in das Cysten-Stadien über.

3) Zwei Amoeben, eben ausgeschlüpft, verschmelzen zu einem Plasmodium. Dasselbe nimmt Nahrung auf und encystirt sich dann.

Aus diesen Beobachtungen folgt, dass die Cystenbildung sowohl direct von der Amoebe, als vom Plasmodium ausgehen kann, die Plasmodienbildung also nicht, wie man vermuthen könnte, unbedingtes Erforderniss für die Cystenbildung ist.

Leider glückte es mir nicht, diejenige Form der Cystenbildung zu erzielen, welche Dauersporen bildet (Sporocyste); mein schönes Material, das ich während der grossen Ferien ruhig stehen liess, war schliesslich durch kleine Thiere so vollständig aufgezehrt, dass auch nicht eine einzige Amoebe oder Cyste mehr aufzufinden war. Ich kann daher über das Verhalten der Kerne und des Paramyluuns in den Sporocysten nichts berichten, hoffe aber, diese Lücke später ausfüllen zu können.

Es erübrigt noch, an das Paramylum einige Betrachtungen zu knüpfen. Der Nachweis dieses Stoffes im Monadinenkörper hat in sofern Wichtigkeit, als man denselben bisher nur erst für eine einzige Gruppe von Organismen kennt, und zwar, auf Grund der Untersuchungen FOCKE's[1], CARTER's[2], STEIN's[3], SCHMITZ'[4] und KLEBS'[5], für die Euglenaceen. Er gewinnt aber auch noch dadurch an Interesse, dass er für ein unzweifelhaft chlorophylloses Wesen geführt wird, das sich von lebenden Algen und Thieren ernährt, also vorante Lebensweise führt. Die Paramylum führenden Euglenen dagegen sind zum grossen Theil chlorophyllgrün, zum Theil allerdings, wie KLEBS[5] nachwies, chlorophyllfrei, aber diese letzteren Formen führen nicht vorante, sondern saprophytische Lebensweise.

Wenn wir nun fragen, woher die Leptophrys das Material für die Paramylumkörner bezieht, so darf man wohl antworten, dass es aus den verschluckten grünen Algen und Bacillarien stammt (die bisweilen aufgenommenen thierischen Zellen und Vampyrellen können hierbei ausser Betracht kommen). Jene Nährpflanzen, die übrigens selbst kein Paramylum führen, worden, wie bereits erwähnt, in die Zoocyste mit eingeschlossen und hier allmählich verändert. Die Veränderungen machen sich zunächst am auffälligsten bemerkbar an den Chlorophyllkörpern. In den Bacillarien werden die Endochromplatten sehr bald contrahirt zu strangartigen oder klümpchenförmigen Körpern und ins Gelbrothe bis Rothbraune oder Schmutzigbraune verfärbt (Taf. I. Fig. 10. 11.) Ähnliche Vorgänge finden in den verschluckten grünen Zellen der Oedogonien, Desmidien, Palmellaceen etc. statt, wo die Chlorophoren gleichfalls in kleine unregel-

[1] Physiologische Studien Heft II.　　[2] Ann. and Mag. of Nat. Hist. 1856. vol. XVIII.
[3] Der Organismus der Infusionsthiere. III.　　[4] Chromatophoren der Algen. Bonn 1883.
[5] Organisation einiger Flagellaten-Gruppen p. 269 ff. — Vgl. auch noch: SCHMITZ, Beitr. zur Kenntniss der Chlorophoren in PRINGSH. Jahrb. XV.

mässige, gelbbraune Ballen verwandelt werden (Taf. I. Fig. 12. 15). Dazu kommt, dass aus allen den Zellen sehr bald Kerne, Stärke, Pyrenoïde und Plasma verschwinden. Aber auch die Zellhäute werden, allerdings sehr allmählich, gelöst; ihr Contour wird dabei schwächer und ist schliesslich kaum noch wahrzunehmen.

Sehr häufig wird dieser Auflösungsprocess nicht zu Ende geführt, ja es bleiben die Membranen scheinbar unangegriffen, dann nämlich, wenn der Inhalt der Cyste, durch irgend einen Anstoss, sich sehr bald in Amoeben umbildet, die alsbald die Cyste verlassen.

Nach allen den angeführten Vorgängen ist nicht zu zweifeln, dass das Leptophrysplasma Stoffe abscheidet, welche die Kohlehydrate und Eiweisskörper der Algenzellen in Lösung bringen. Für die Vorstellung, dass etwa von Seiten des Leptophrysplasmas feine Pseudopodien durch die Membran der Nährzellen getrieben würden, an denen die Abscheidung der lösenden und verfürbenden und event. auch die Aufnahme gelöster Stoffe erfolgte, bietet die allerdings schwierige Beobachtung keinerlei Anhalt. In manchen Fällen war die Nahrung von einer Vacuole umschlossen und dann liess sich bestimmt Nichts von solcher Pseudopodienbildung nachweisen.

Die gelösten Eiweissstoffe finden, in den Plasmakörper aufgenommen, offenbar zur Bildung von Plasma und von Kernen Verwendung, während die gelösten Kohlehydrate wohl in Paramylum umgewandelt werden, ob sämmtlich oder zum Theil muss dahingestellt bleiben.

Nicht· unwahrscheinlich ist es, dass noch andere Monadinen (vielleicht auch höhere Mycetozoen), die Zellhäute und Stärke in Lösung bringen, Paramylum oder ein verwandtes Kohlehydrat in fester Form in ihrem Körper aufspeichern. .

Die Thatsache, dass eine chlorophyllose Monadine Paramylum in ihrem Plasma bilden kann, beweist, dass die Entstehung jenes Körpers nicht unbedingt an das Chlorophyll gebunden ist.

Letzteres könnte man nämlich annehmen im Hinblick auf den Umstand, dass sich Paramylum, wie erwähnt, im chlorophyllführenden Körper von Euglenen vorfindet, und nach den Untersuchungen von SCHMITZ[1] die Entstehung dieses Stoffes in näherer Beziehung zu den Chlorophoren steht. Andererseits hatte aber bereits KLEBS[2] gezeigt, dass es saprophytische Euglenaceen giebt, welche durch typischen Mangel an Chlorophyll ausgezeichnet sind und dennoch Paramylum bilden können.[3]

Bei vorstehender Untersuchung handelte es sich, wie bereits angeführt, um Prüfung der Frage, ob der Plasmakörper von *Leptophrys vorax* ein homogenes Eiweissklümpchen darstelle, oder ob derselbe Differenzirungen aufweise.

Nach dem Mitgetheilten dürfte die Antwort wohl im Sinne der letzteren Eventualität ausfallen.

Es wurde einerseits gezeigt, dass Amoeben- und Zoocysten-Zustand in Mehr- bis Vielzahl auftretende Kerne besitzen, andererseits dargethan, dass in dem Plasmakörper ein festes, geschichtetes Kohlehydrat (Paramylum) erzeugt wird. Contractile Vacuolen aber wurden in Uebereinstimmung mit HAECKEL's Angaben nicht vorgefunden.

---

[1] Beiträge zur Kenntniss der Chromatophoren. PRINGSH. Jahrb. XV, p. 44 ff.
[2] l. c. p. 290 ff.
[3] Vgl. hierüber auch SCHMITZ's zuletzt citirte Abhandlung.

II. Vampyrella Spirogyrae Cienk.[1]

(Tafel II. Fig. 17—23.)

Aus den wichtigen Arbeiten Cienkowski's über die Monadinen sind Bau, Entwickelungsgang und Lebensweise dieser Species hinläuglich bekannt. Es genügt daher eine Recapitulation der Hauptmomente. Doch mögen zur Illustration derselben eigene Originalzeichnungen beigefügt werden, um darzuthun, dass mir wirklich die echte *V. Spirogyrae* vorgelegen, sowie um nebenbei einige Ergänzungen zu veranschaulichen.

Die *V. Spirogyrae* lebt ausschliesslich an Spirogyrenzellen und nährt sich vom Inhalt derselben, insbesondere nimmt sie deren Chlorophyll und Stärke, aber auch Plasma und Zellkerne auf.

Man hat drei Entwickelungsphasen zu unterscheiden:

1) Die Amoebenform; 2) die Amoeben erzeugende Cystenform (die ich kurz als Zoocyste); 3) die Sporen bildende Cystenform (die ich kurz als Sporocyste bezeichnet habe).[2]

In Fig. 17—19 sind Zoocysten dargestellt. Sie entstehen in der Weise, dass sich die Amoebe unter Einziehung ihrer Pseudopodien abrundet und eine zarte (primäre) Membran abscheidet (Fig. 17 *pr*). Innerhalb derselben contrahirt sich das Plasma nochmals, um eine derbere, doppelt contourirte (secundäre) Membran zu bilden (Fig. 17 *s*). Bisweilen zeigt die primäre Cystenhaut eigenthümlich morgensternförmige Configuration und ist dann entstanden infolge eines schnellen Erstarrungsprocesses der Oberfläche der sich einziehenden Pseudopodien (Fig. 18 *pr*). Später geht die zarte primäre Haut gewöhnlich durch Vergallertung zu Grunde; die Cyste besitzt also jetzt nur noch eine Haut (Fig. 19, 20). Der plasmatische Inhalt der Cyste zerklüftet sich früher oder später unter Abscheidung der braunen Nahrungsreste gewöhnlich in zwei bis vier Theile (Fig. 19), die als Amoeben ausschlüpfen durch ein Loch, das sie sich selbst durch die Cystenhaut bohren (Fig. 19, 20). In der entleerten Haut sieht man dann nur noch die braunen Nahrungsreste (Fig. 20 *n*).

In Fig. 21 *A* und *B* sind Sporocysten dargestellt. Ihre Entstehung erfolgt in der Weise, dass die Amoebe sich abrundet und mit sehr zarter (primärer) Haut umgiebt (Fig. 21 *A* und *B pr*). Dann zieht sich das Plasma zur Kugel zusammen und scheidet eine derbere secundäre Haut ab (Fig. 21 *A s*), innerhalb dieser letzteren erfolgt nun nochmals eine Contraction, die zur Bildung der derbwandigen Spore führt (Fig. 21 *A sp*). Die Sporenhaut zeigt leicht übersehbare Wärzchensculptur (Fig. 22 *sp*).

Als nicht seltene Ausnahme von der eben beschriebenen Regel kommt es vor, dass das Plasma der Sporocyste sich häufiger contrahirt und demnach eine grössere Zahl ineinander geschachtelter Membranen auftritt: so verhält sich z. B. das in Fig. 21 *B* abgebildete Object. Hier ist ausser der zarten primären Haut (*pr*) und einer derberen secundären (*s*) noch eine sehr zarte, morgensternartig configurirte tertiäre (*t*) und ausserdem

---

[1] Beiträge zur Kenntniss der Monaden. Max Schultze's Archiv, Bd. I, p. 218. Man vergleiche auch Hertwig und Lesser: Ueber Rhizopoden und denselben nahe stehende Organismen (Max Schultze's Archiv, Bd. X). Klein, *J. Vampyrella.* ihre Entwickelung und systemat. Stellung. Botanisches Centralblatt, Bd. XI (1882), p. 38. W. Zopf, Die Pilzthiere oder Schleimpilze. Breslau 1884, p. 104 (Fig. 37, *E—G* u. Fig. 11, III u. IV).

[2] l. c. p. 34 u. 39.

sogar noch eine quartäre, wiederum derbere (qu) vorhanden. Erst innerhalb dieser letzteren zog sich das Plasma zur Bildung der Spore (sp) zusammen.

Das hier am meisten interessirende Stadium bildet die Amoebe, da speciell für sie, zuerst von CIENKOWSKI[1], dann von HÄCKEL und neuerdings wiederum von KLEIN auf den Mangel der Differenzirung des Plasmakörpers, speciell auf das Fehlen von Kern und contractilen Vacuolen hingewiesen wird.

Meine nächsten Versuche, eine etwaige Differenzirung des Amoebenplasmas nachzuweisen, schlugen vollständig fehl. Die Amoeben, welche ich direct aus den Cysten ausschlüpfen sah, waren immer derart mit gröberen und feineren Körnchen und mit Farbstoff beladen, dass die Structur des Plasma's gänzlich verdeckt ward.

Auch der Körper derer, die bereits Spirogyren angebohrt und deren Inhalt als Nahrung aufgenommen, erschien von Stärke und Chlorophyll immer zu sehr vollgestopft, als dass auch hier bezüglich der Structur etwas Genaueres und Sicheres eruirt werden konnte.

Da sich auf rein optischem Wege nichts erreichen zu lassen schien, griff ich zur Anwendung von anderen Mitteln, theils chemischen, theils mechanischen.

Indessen weder die bekannten Lösungs- resp. Quellungsmittel des Chlorophylls, der Stärke und des rothen Farbstoffes (Extraction mit Alcohol, Anwendung von Aetzkali, Kochen, Behandlung mit Säuren etc.), noch die bekannten Färbungsmethoden (die mir übrigens zur Zeit des Beginns der Untersuchungen, Frühjahr 1880, noch nicht so geläufig waren) führten zu befriedigenden Resultaten; noch auch Versuche, durch Anwendung von Druck den Plasmakörper von den Ingestis zu befreien.

Da endlich zeigten mir fortgesetzte Beobachtungen, dass aus den Cysten keineswegs immer stark gefärbte und stark körnige, sondern häufig auch schwach oder selbst gar nicht tingirte und körnerarme Amoeben ausschlüpfen. Eine solche Amoebe verfolgte ich, sah sie sich ansetzen an eine Spirogyrenzelle und mit einem dicken Pseudopodium die Membran durchbohren. In diesem Stadium wurde sie gezeichnet (Fig. 23 *A*).[2] Etwa im Centrum ist deutlich ein relativ grosser, rundlicher, sehr schwach bläulicher Körper zu erkennen, der umlagert wird von einem Hofe von Hyaloplasma. Ausserdem gewahrt man seitlich liegend eine Vacuole (v), welche pulsirende Bewegungen macht und nach dem Verschwinden ohngefähr an der nämlichen Stelle wieder auftritt. Jenes rundliche Körperchen erschien nicht von starrer, constanter Form, sondern änderte jeden Augenblick schwach aber deutlich seinen Contour, trug also schwach-amoeboïden Charakter.

Eben dieselbe Amoebe nahm etwas von Chlorophyll und Stärke der betreffenden Spirogyrenzelle auf, ging nach etwa zehn Minuten zu der benachbarten Wirthszelle (der Fig. 23) über, drang durch die Membran derselben mittelst eines dicken, spitzen Pseudopodiums ein und nahm nun grosse Mengen von Chlorophyll und Stärke auf (Fig. 23 *B*).[3]

---

[1] Beiträge zur Kenntniss der Monaden. MAX SCHULTZE's Archiv I, p. 206. 218. u. 219.

[2] Der Inhalt dieser Spirogyrenzelle zeigt das stärkerreiche Chlorophyllband schon ganz zusammengezogen, so dass die Zelle auf den ersten Blick nicht wie einer Spirogyra zugehörig aussieht. Doch zeigten die übrigen Zellen des Fadens die Chlorophyllbänder noch sehr schön.

[3] Man hat seit CIENKOWSKI die Art der Nahrungsaufnahme bei den Vampyrellen als ein „Saugen" bezeichnet. Allein diese Bezeichnung bewirkt eine ganz falsche Vorstellung von dem Vorgange. Das dicke die Wirthsmembranen durchbohrende Pseudopodium treibt nämlich an seinem Ende in den plas-

2*

Jetzt war weder von dem vorhin bezeichneten rundlichen Körperchen, noch von Vacuolenbildung etwas mehr wahrzunehmen: die aufgenommenen Nahrungstheile verdeckten
die Structur des Plasmakörpers vollständig. Eine halbe Stunde später hatte die
Amoebe durch die Nahrungsaufnahme stark an Volumen zugenommen und erschien von
Chlorophyll und Stärke ganz vollgestopft. Kurze Zeit nachher zog sie das dicke Pseudopodium
aus der Wirthszelle heraus und schwamm im Wasser dahin. Auch jetzt war in den verschiedenen Lagen, die der Körper einnahm, von dem rundlichen Körperchen sowohl, als
von Vacuolen nichts wahrzunehmen.

An vielen anderen, möglichst ingestafreien Amoeben der genannten *Vampyrella* habe
ich in der Folge stets die Anwesenheit des rundlichen Körperchens und der contractilen
Vacuolen (die zu 1—4 vorhanden sein können) nachzuweisen vermocht.[1]

Man könnte mir nun den Einwand machen, dass die Amoeben, die ich in meinen
Culturen von *V. Spirogyrae* so reichlich fand und soeben als Vampyrellen-Amoeben be-
schrieb, doch vielleicht anderen niederen Mycetozoen oder Protozoen zugehören
möchten, und man könnte als Grund für diesen Einwand geltend machen den bekannten,
auch von CIENKOWSKI ausdrücklich betonten Umstand, dass in den Culturen oft die aller-
heterogensten Monadinen resp. Protozoen auftreten und die Amoebenzustände derselben
den Vampyrellen oft sehr ähnlich sind.

Um solchen Einwänden die Spitze abzubrechen, führe ich folgende zwei Punkte an:

1) Dass ich die charakteristischen fructificativen Zustände der echten
V. Spirogyrae vor mir gehabt habe, wie jeder Vampyrellenkenner aus den beigefügten
Abbildungen ersehen wird, und wie auch der Entdecker der Species meinte, der meine
Originale gelegentlich eines Besuches in Berlin gesehen.

2) Dass ich zu einem Theile solche Amoeben untersucht habe, die ich
direct aus diesen charakteristischen Fructificationsstadien (und zwar den
Zoocysten) hatte austreten sehen.

Hiernach glaube ich berechtigt zu sein zu der Behauptung, dass es wirklich die
Amoeben der *V. Spirogyrae* sind, die ein amoeboïdes Körperchen und contractile
Vacuolen in ihrem Plasmakörper aufweisen, also differenzirt erscheinen. Das
rundliche, schwach-amoeboïde Bewegungen ausführende Körperchen kann wohl kaum etwas
anderes darstellen, als den Kern, zumal dasselbe bei Anwendung der oben bereits an-
gegebenen BRANDT'schen Lebendfärbung mit Haematoxylin blau gefärbt wurde.[2] Doch erschien mir die Tinction niemals so intensiv, wie z. B. bei *Leptophrys vorax*.

matischen Inhalt der Wirthszelle zahlreiche lange Pseudopodien hinein, welche Chlorophyll, Stärke, Zellkerne, Pyrenoïde, Plasmakörnchen herauslootsen und in den Plasmakörper der *Vampyrella* hineinbringen.
Dieser Process vollzieht sich meist langsam, bisweilen aber, wenn nämlich das ganze, im Innern der
Wirthszelle ausgebreitete Pseudopodiensystem sich plötzlich zusammenzieht, wird auch die Nahrung ganz
plötzlich, wie mit einem Ruck, in den Amoebenkörper hineingezogen. Jenes Pseudopodiensystem nachzuweisen macht hie und da Schwierigkeiten, es ist aber thatsächlich bei allen Vampyrellen vorhanden
und von den bisherigen Beobachtern nur übersehen. Am deutlichsten tritt es bei *Vampyrella pendula*
Cienk. entgegen.

[1] Neuerdings hat Dr. A. BRASS in seinen biologischen Studien Heft 1, p. 49 u. 53 eine willkommene
Bestätigung meiner Beobachtungen geliefert und zur Veranschaulichung eine meiner Originalzeichnungen
benutzt. Dass ich schon Jahre vor ihm die Ergebnisse gewonnen habe, giebt er selbst p. 49 ausdrücklich an.

[2] Ich habe diese Auffassung bereits in meinen „Pilzthieren" p. 16 ausgesprochen, wo ich auch darauf hinweise, dass für *Pseudosporidium Brassianum* Z. BRASS gleichfalls Amoeboïdität des Kerns nach-

III. Vampyrella variabilis Klein.

(Tafel II. Fig. 21—31.)

In der KLEIN'schen Arbeit über die Vampyrellen[1] findet sich eine neue charakteristische Art aufgestellt unter obigem Namen. Sie ist ein Oedogonium-Schmarotzer, der nicht bloss in Ungarn, wo KLEIN ihn zuerst auffand, sondern auch in Deutschland vorkommt und mir schon vor Jahren in Berlin, neuerdings auch in Halle entgegentrat, gewöhnlich in Gesellschaft von *V. pendula* Cienk., mit der er das genannte Algen-Substrat theilt..

Man kennt von Entwickelungsstadien bisher nur die Amoeben- und die Zoocysten-form. Letztere (Taf. II. Fig. 24—27) unterscheidet sich von den anderen Vampyrellen durch die Eigenthümlichkeit, dass sie nur eine einzige Cystenhaut erhält. Innerhalb dieser Zoocysten entstehen die Amoeben zu eins bis vier und schlüpfen durch ebenso viele seitliche Oeffnungen der Cystenhaut aus. Die Pseudopodienbildung ist von der Art, wie sie bei den meisten anderen Vampyrellen (*V. Spirogyrae pendula* etc.) gefunden wird.

Auch in dieser Species wurden Beobachtungen angestellt mit Bezug auf die Frage nach der Differenzirung des Plasmakörpers der einzelnen Zustände.

Zunächst liess sich an den Amoebenzuständen die Gegenwart des amoeboïden Körperchens und contractiler Vacuolen nachweisen.

Um jeden Zweifel zu beseitigen, dass ich wirklich Vampyrellen-Amoeben und zwar die *V. variabilis* vor mir gehabt, sind in Taf. II. Fig. 27—31 für eine solche Amoebe alle Zustände des Ausschlüpfens und der Veränderungen unmittelbar nach dem Ausschlüpfen in continuirlicher Folge dargestellt.

Man sieht zunächst in Fig. 27, wie innerhalb der Cyste *A* die beiden Amoeben sich bereits getrennt haben. Das rundliche Körperchen und die Vacuolen sind in keiner der beiden zu sehen infolge der dichten Lagerung des übrigen körnigen, ziemlich stark lichtbrechenden Inhalts. In Fig. 28 ist der Austritt der rechts gelegenen Amoebe dargestellt. Sie lässt jetzt sowohl ein ellipsoïdisches Körperchen (*k*), als eine Vacuole (*v*) erkennen. Fast noch klarer sind diese Verhältnisse in den nächsten Stadien (Fig. 29 u. 30), wo infolge noch grösserer Verflachung des Amoebenkörpers eine weitere Vertheilung der Körnchen stattgefunden hat. Hier beobachtete ich wieder in deutlichster Weise die Amoeboïdität des Körperchens. In Fig. 31 wird dieselbe Amoebe dargestellt, wie sie zwei Stunden später erscheint. Der Inhalt ist infolge von Contraction des Plasmas wieder ganz dicht gelagert, so dass das „Körperchen" und die Vacuole wieder völlig verdeckt werden; die Amoebe zeigt jetzt überhaupt einen ganz anderen Habitus.

Es liess sich das Vorkommen jener „Körperchen" und der Vacuolen selbst in den Cysten nachweisen und zwar in jungen Zoocysten (Fig. 26). Der Nachweis wurde geführt durch Anwendung einer Haematoxylin-Alaunlösung[2] auf das lebende

---

wies. In meiner kürzlich erschienenen Abhandlung „Zur Kenntniss der Phycomyceeten" *Nova Acta* der Leopold. Akademie Bd. XLVII, zeigte ich an *Amoebochytrium rhizidioïdes*, dass auch bei *Chytridiaceen* amoeboïde Kerne (in amoeboïden Schwärmern) vorkommen können.

[1] *Vampyrella*, ihre Entwickelung und systematische Stellung. Bot. Centralblatt 1882, Bd. 11.

[2] Eine stark verdünnte wässrige Haematoxylinlösung mit wenig Alaun.

Object (BRANDT'sche Lebendfärbung). So zeigt Fig. 26 eine Zoocyste, welche mit diesem Farbstoff behandelt, drei Körperchen erkennen lässt, die sich ziemlich intensiv gebläut haben und nun deutlich mit einem Mantel von Hyaloplasma umlagert erscheinen (*h*). Ihre Grösse entspricht etwa der Grösse des „Körperchens" in den Amoeben. Ausserdem bemerkt man im Cystenplasma noch Vacuolen (*v*). — In anderen Cysten waren nur zwei, in kleineren nur ein Körnchen nachzuweisen. Diese Zahlen entsprechen, wie es scheint, der Zahl der späteren Amoeben.

Alle diese Beobachtungen dürften lehren, dass auch bei *V. variabilis* im Plasmakörper der Amoeben sowohl, als der Zoocysten deutliche Differenzirungen auftreten, von einer Structurlosigkeit des Plasmakörpers, wie sie KLEIN annimmt, mithin nicht die Rede sein kann.

Was die Deutung der amoeboïden Körperchen in den Amoeben und den Zoocysten betrifft, so möchte wohl auch hier die Auffassung gestattet sein, dass man es mit Zellkernen zu thun habe. In den Amoeben treten sie in der Einzahl auf (bei Individuen, die vor der Theilung stehen, in der Zweizahl) in den Zoocysten dagegen zu zwei bis vier. Hier sind sie, da jede Zoocyste sich aus einer einkernigen Amoebe entwickelte, offenbar durch Zweitheilung aus dem ursprünglichen Amoebenkern hervorgegangen.

IV. Vampyrella pendula Cienk.

(Tafel II. Fig. 1—16.)

Zum Beweise, dass mir wirklich die typische *V. pendula* Cienk., wie sie zuerst CIENKOWSKI[1] und neuerdings KLEIN[2] charakterisirten, vorlag, mag die Darstellung der verschiedenen Entwickelungsstadien in Taf. II. Fig. 1—16 dienen.

Ich fand den Schmarotzer an Bulbochaeten (*B. minor A. Br.*) und Oedogonien (mehreren Arten). Er trat in einer meiner Culturen, die fünf Monate gehalten worden war, in solcher Menge auf, dass an jedem längeren Faden mindestens mehrere Individuen sassen.

Es wurden alle drei bekannten Entwickelungszustände beobachtet: die Amoebenform (Fig. 1—7), die Zoocystenform (Fig. 8—11) und die Sporocystenform (Fig. 12 bis 16).

Wenn ich mit Zoocysten reichlich besetzte Oedogonienfäden isolirte und im Tropfen etwa 24 Stunden unter Deckglas in der feuchten Kammer hielt (was, wie es scheint, alle Vampyrellen, im Gegensatz zu anderen Monadinen, ohne irgend welche Nachtheile ertragen), so schlüpften innerhalb dieser Frist immer eine grössere Anzahl Amoeben aus den Cysten aus und waren am andern Tage munter zwischen den Algenfäden anzutreffen, an diesen hinkriechend oder frei im Wasser sich bewegend.

Solche Zustände waren für den Nachweis einer Differenzirung ganz besonders günstig, denn mehr als 50 Procent derselben traten in durchsichtiger Form entgegen. Nur bei den mit Ingestis (namentlich Stärke) bereits gar zu vollgepfropften Individuen war die Plasmastructur gänzlich verdeckt.

---

[1] Beiträge zur Kenntniss der Monadinen. MAX SCHULTZE's Archiv I, p. 221.

[2] *Vampyrella*, ihre Entwickelung und systematische Stellung. Botan. Centralbl. 1882, Bd. XI. Vgl. auch ZOPF, Die Pilzthiere, p. 105 (Fig. 3, V. 10, V. 11, VI).

In Fig. 1 ist eine jener jungen Amoeben dargestellt, welche nur wenig noch grünliches Chlorophyll und einige Stärkekörnchen aufgenommen hat. Sie zeigt das „Körperchen" (k)[1] mit seinem Hyaloplasmahof und eine contractile Vacuole (vc) in voller Klarheit. Das Körperchen ist deutlich amoeboïd; man findet in Fig. 2 einige seiner Gestaltveränderungen, wie sie im Verlaufe von wenigen Secunden erfolgten, gezeichnet.

Die in Fig. 3 dargestellte Amoebe enthält bereits ins Orangenrothe verfärbtes Chlorophyll in Form von Körnchen. Doch haben sie eine so günstige, weitläufige Lagerung, dass auch hier das amoeboïde Körperchen, sowie die Vacuole deutlich daliegt. In Fig. 4 dagegen ist der körnige, zum Theil roth gefärbte Inhalt dichter gelagert, daher das Körperchen verdeckt; nur die Vacuole (vc) ist deutlich. Einige Minuten später aber breitete sich der Plasmakörper neben dieser Amoebe in Richtung der Objectträgerebene aus, die Ingesta vertheilten sich dabei und jetzt sieht man ausser der Vacuole auch das Körperchen deutlich (Fig. 5). Noch einige Minuten später und die flächenförmige Gestalt der Amoebe wird noch ausgeprägter, der Körper noch deutlicher, sein heller Hof noch grösser (Fig. 6). An diesem Zustand wurde nun die BRANDT'sche Methode der Lebendfärbung mit Haemotoxylin[2] in Anwendung gebracht.[3] Ein Tropfen der Lösung ward an den Rand des Deckglases gesetzt. Er vermischte sich sehr allmählich mit dem Wasser und gelangte schliesslich zu der Amoebe. Es trat eine schwache, aber deutliche Blaufärbung des Körpers ein; derselbe blieb schön amoeboïd, die Pseudopodien wurden nach wie vor getrieben und auch die Vacuole pulsirte wie früher. Der Körper der Amoebe verkleinerte sich dann etwas. Nachdem die Einwirkung etwa eine Viertelstunde gedauert, wurde vorsichtig Wasser an den Rand des Deckglases gebracht und so das Haematoxylinalaun ausgewaschen. Jetzt vergrösserte sich der Plasmaleib wieder, die Pseudopodienbildung wurde lebhafter, das Körperchen blieb gefärbt. Etwa nach zehn Minuten aber zeigten sich plötzliche Veränderungen, vielleicht infolge zu raschen Wasserzutritts. Der Amoebenleib dehnte sich stark unter Pseudopodieneinziehung, an der Peripherie wurde eine Membran abgeschieden, von der sich der Inhalt stellenweise zurückzog. Jetzt erschien das Körperchen starr, krumig, scharf contourirt, dunkler gefärbt, von einem scharf begrenzten Hofe umgeben, kurz es war todt (Fig. 7).

An vielen anderen Amoeben der V. pendula gelang die Lebendfärbung des Körperchens mit Haematoxylin gleichfalls.

Bei der Fülle an Zoocysten-Material habe ich nicht unterlassen, den Nachweis des Körperchens auch an ihnen zu versuchen, sowohl an denen, die noch im Jugendstadium standen, als an solchen, die bereits erwachsen waren. Die Jugendzustände zeigten nur das Körperchen gleichfalls. In Fig. 10 ist ein solcher Zustand wiedergegeben. Seine secundäre Haut erscheint noch dünn, eben erst angelegt. Die Anwendung von Haematoxylinalaun ergab, dass nur erst ein „Körperchen" vorhanden war; es färbte sich intensiv blau und trat um so deutlicher hervor, als günstigerweise der sonstige Cysteninhalt vollkommen farblos und nicht eben dicht mit Stärkekörnchen durchsetzt war.

Entwickeltere Zoocysten, in denen das Chlorophyllmaterial bereits zu gelbrothen bis braunen Klümpchen zusammengeballt erschien, und in denen die Amoeben bereits angelegt

---

[1] In Taf. II. Fig. 1 etwas zu scharf dargestellt.   [2] Die oben bereits angegebene Lösung.
[3] BRANDT, Färbung lebender einzelliger Organismen. Biol. Centralblatt 1881.

waren, zeigten zwei bis vier Körperchen bei Anwendung der Lebendfärbung und man erhielt Bilder wie die von *V. variabilis* (Taf. II. Fig. 26).

Junge Sporocysten zeigten mir bei Anwendung der Lebendfärbung gleichfalls ein Körperchen. Versuche an älteren aber ergaben unsichere Resultate.

Es kann nach der vorstehenden Beobachtung keinem Zweifel unterliegen, dass auch *V. pendula* Cienk. einen differenzirten Plasmakörper besitzt. Das kernartige, amoeboïde, durch Haematoxylin im lebenden Zustande tingirbare Körperchen nehme ich keinen Anstand, als Kern anzusprechen. Ausser ihm sind ein bis mehrere contractile Vacuolen vorhanden.[1]

V. Protomonas amyli (Cienk).
(Tafel III. Fig. 36—48.)

Ueber diese Art hat Cienkowski ausgezeichnete Untersuchungen geliefert[2], durch welche die Entwickelung in allen ihren Phasen, die Sporenkeimung ausgenommen, klar dargelegt wurde. Später untersuchte Haeckel (Biologische Studien) dasselbe Object und kam mit Cienkowski zu dem Resultat, dass die Zustände desselben kernlos und vacuolenlos seien, der Organismus also den Moneren zugehöre.

Die *Protomonas amyli* muss nach meinen Erfahrungen in stagnirenden Süssgewässern eine häufige Erscheinung sein. Denn lässt man beliebige, von genannten Localitäten stammende grüne Algen (Cladophoren, Vaucherien, Spirogyren, Oedogonien, Charen, Nitellen etc.) einige Zeit unter Wasser faulen und fügt dann dem Infus stärkereiche Pflanzentheile (wie frische Kartoffelschnitte, Kartoffelschalen, Bohnen, Getreidekörner etc.) zu, so findet man nach 8—14 Tagen den Organismus in den Zellen dieser Substrate vor (Taf. III. Fig. 36), deren Stärkekörner er aufzehrt. Auch freie Amylumkörner, in jene Aufgüsse gebracht, werden schnell befallen.

Um zu zeigen, dass ich die echte *Monas amyli* Cienk. vor mir gehabt, will ich den Organismus nach meinen Beobachtungen charakterisiren und die wichtigsten Entwickelungsstadien (Taf. III. Fig. 36—48) zur Veranschaulichung bringen.

Um die Zoospore als Ausgangspunkt zu nehmen, so ist dieselbe mit zwei polaren Cilien versehen, die entweder zusammenstehen oder bipolare Insertion zeigen (Fig. 38 a u. b). Im Stadium lebhaftester Schwärmbewegung erscheint der Plasmakörper stark gestreckt, spindelig oder wurmförmig, sonst von sehr wechselnder, oft unregelmässiger Form.

Schon im Schwärmerzustand nimmt die Protomonas Nahrung auf und zwar sucht sie sich die kleinsten Stärkekörnchen aus (Fig. 38 a u. b), da für die Bewältigung grösserer Körner ihr Plasmakörper noch zu geringe Dimensionen besitzt. Ist der Schwärmer auf das Doppelte oder Mehrfache der ursprünglichen Grösse gediehen, so geht er in das Amoeben-Stadium über, in welchem er befähigt ist, grössere Körner, oder kleinere in grösserer Anzahl, aufzunehmen (Fig. 43—47). Gelegentlich werden diese Ingesta wieder ausgestossen, das Plasma erscheint dann ganz durchsichtig und lässt den Kern, sowie ein bis mehrere Vacuolen, die

---

[1] Nebenbei sei hier des Umstandes Erwähnung gethan, dass *V. pendula* stets Sporen bildet, deren Haut deutliche Würzchen- oder Stachel-Sculptur zeigt (Taf. II. Fig. 16), was von den bisherigen Beobachtern übersehen zu sein scheint.

[2] Zur Genesis eines einzelligen Organismus. Bulletin- physico-mathématique de l'Académie de St. Petersbourg. Tome XIV. 1856. — Ueber meinen Beweis für die *Generatio primaria*, ebenda. Tome XVII. 1859 und *Melanges biologiques*. Tome II. — Beiträge zur Kenntniss der Monaden. Max Schultze's Archiv I, p. 203. — Das Plasmodium; Pringsheim's Jahrb. III, p. 430.

früher durch die Stärke meist verdeckt waren, nunmehr deutlich erkennen. Jüngere ingestenfreie Amoeben senden gewöhnlich lange dünne Pseudopodien aus (Actinophrysform Taf. III. Fig. 39. 43. 47); bei älteren mit Nahrung beladenen ist die Pseudopodienbildung nicht mehr besonders prägnant. Es werden nur hie und da von der Oberfläche relativ kurze Pseudopodien entsandt; schliesslich sinken sie zu bloss welligen Erhabenheiten herab, und endlich tritt vollständige Abrundung und Hautbildung ein. Das früher vacuolige Plasma sammelt sich in dichtkörniger peripherischer Schicht an und zerklüftet sich in Schwärmer. So geht also aus einem Schwärmer eine Zoocyste (Fig. 36 a. 37) hervor. Ausserordentlich wechselnd ist sowohl Grösse als Form der Zoocyste, neben kugeligen, ellipsoïdischen und birnartigen Formen findet man tief eingeschnürte, keulige, glaskolbenförmige, verlängert schlauchförmige und oft ganz unregelmässige Formen, wenn auch diese alle nicht immer in derselben Cultur auftreten.

Es giebt aber noch eine andere Entstehungsweise der Zoocyste. Wie CIENKOWSKI nachwies, können sich nämlich an ein grösseres Stärkekorn mehrere Schwärmer ansetzen und, nachdem sie ihre Cilie eingezogen, mithin ins Amoebenstadium eingetreten sind, an der Oberfläche des Kornes verschmelzen zu einer geschlossenen Plasmaschicht, einem Plasmodium, wie CIENKOWSKI es mit Recht nennt. Dasselbe stellt anfangs eine nur zarte Hülle um das Stärkekorn dar, die aber in dem Maasse, als sie sich von den Bestandtheilen des Stärkekorns nährt, allmählich an Dicke gewinnt (dabei bildet sie sich oft einseitig aus). Was diese Plasmodien besonders charakterisirt, das ist der Mangel jeder Pseudopodienbildung und damit der activen Bewegung. Später umgiebt sich das Plasmodium mit Membran und zerklüftet sich in mehr oder minder zahlreiche Schwärmer, die in der bekannten Weise das Weite suchen, nämlich an verschiedenen Stellen der Membran Löcher bohren und sich durch dieselben hindurchzwängen. Unter gewissen, nicht näher ermittelten Bedingungen tritt der interessante Fall ein, dass das Plasma des Sporangiums, bevor die Schwärmerbildung eintritt, in Form einer einzigen grossen Amoebe (oder eines Plasmodiums) auskriecht. Es zeigt ausgesprochene Pseudopodienbildung, infolge dessen stark amoeboïde Bewegungen, mitunter selbst die Tendenz lange feine Fäden zu bilden, welche hie und da in ihrem Verlauf spindelförmige oder unregelmässige Ansammlungen des Plasmas zeigen. Alle diese Momente erinnern lebhaft an die Plasmodienbildung der höheren Mycetozoen.

Endlich hat CIENKOWSKI auch noch die Dauersporen bildenden Cysten (Sporocysten) gefunden, die ich gleichfalls fast in jeder meiner Culturen erhielt. Ihr Entwickelungsgang entspricht zunächst genau dem der Zoocysten, nur dass schliesslich das sonst zur Zoosporenbildung zu verwendende Plasma sich zu einem kugeligen oder länglichen, mit dicker Membran sich umgebenden Körper contrahirt, in welchem Reserveplasma in Form dicht gelagerter Körner aufgespeichert liegt. Auch die Sporocystenwand verdickt sich, erhält warzenartig nach innen ragende, meist höckerige Vorsprünge und bräunt sich schliesslich (Fig. 48). Zwischen Dauerspore und Cystenmembran liegen die ausgestossenen Stärkereste. Wie die Sporen sich bei der Keimung verhalten, bleibt noch zu ermitteln.

Dass die *Protomonas amyli* wirklich von der aufgenommenen Stärke zehrt, lässt sich dadurch nachweisen, dass an den Stärkekörnern eine allseitige starke Corrosion auftritt, die schliesslich bis zum Schwinden des Kornes führen kann; doch werden in den meisten

Fällen nur die peripherischen Schichten des Kornes gelöst, offenbar infolge der Abscheidung eines Ferments.

Was nun die hier in erster Linie interessirende Frage betrifft, ob die *Protomonas amyli* kern- und vacuolenlos sei, so war es mir zunächst nicht möglich, diese Bildungen ausfindig zu machen, weder an den Schwärmern, noch auch an den Amoeben. Ich fand diese Zustände immer derartig mit Stärke beladen, dass ihr Inneres ganz oder doch zum grössten Theile verdeckt war, und meine Bemühungen, diesen Uebelstand durch Lösungsmittel der Stärke zu beseitigen, führten zu negativen Ergebnissen. Auch die für die Vampyrellen angewandten Färbungsmittel liessen mich im Stich, insofern, als bei deren Anwendung auch die Stärkemassen gefärbt wurden.

Erst die Untersuchung eines anderen niederen Organismus, den ich als *Mastigomyxa arida* abbildete[1], gab mir bezüglich der einzuschlagenden Methode den richtigen Fingerzeig. Es zeigte sich nämlich, dass die Schwärmer dieser Art bei Sauerstoffabschluss ihre Ingesta ausstiessen und nun ein Studium ihrer Structur ermöglichten.

Bei Anwendung dieser Methode gewann ich nun auch an *Protomonas amyli* ausserordentlich günstige Resultate.

Die Methode ist sehr einfach: Man bringt Schwärmer oder Amoeben der Protomonas in einen Tropfen destillirten Wassers und verstreicht nach Auflegen des Deckglases die Ränder desselben derart mit Provenceröl, dass ein weiterer Luftzutritt ausgeschlossen bleibt.

Im Verlaufe von ein bis mehreren Stunden (bei gewöhnlicher Zimmertemperatur) stossen die in Rede stehenden Zustände alle ihre Stärkekörner, kleine wie grosse, eines nach dem andern aus, und man kann jetzt im Innern des Plasmakörpers ein kleines rundliches, schwach lichtbrechendes Körperchen sehen, von einer Zone hellen Plasmas umgeben in klarster Weise daliegen sehen. Dieses Körperchen, bei starken Vergrösserungen schwach amoeboïd, lässt sich im lebenden Zustande durch die erwähnte Haematoxylinlösung deutlich blau färben.

Zur Veranschaulichung jenes Processes habe ich eine continuirliche Beobachtungsreihe beigefügt (Taf. III. Fig. 39—42).

In Fig. 39 sieht man eine soeben unter Oelverschluss gebrachte Amoebe (11 Uhr). Sie zeigt in ihrem Körper vier Stärkekörner verschiedener Grösse, die nebst kleineren Plasmakörnchen die Structur vollständig verdecken, die Pseudopodienbildung ist noch lebhaft; um 11½ Uhr war die Pseudopodienbildung schwächer geworden, und der Körper in Abrundung begriffen, bald darauf wurde das grösste der vier Stärkekörner ausgestossen. Um 12 Uhr waren bereits zwei Stärkekörner ausgestossen und jetzt liegt das rundliche Körperchen von einem Hofe körnerlosen Plasmas umgeben klar da (Fig. 40). Um 2¼ Uhr waren alle vier Stärkekörner entfernt. Die Amoebe ist nunmehr ganz durchsichtig, das Körperchen sehr deutlich (Fig. 41).

Hält man in demselben Tropfen eine grosse Anzahl stärkeerfüllter Amoeben, so sieht man, wie sich nach ½ bis mehreren Stunden in ganz der gleichen Weise der Ingesta entledigen, und nun alle ohne Ausnahme das „Körperchen" zeigen.

Bei nicht zu lange andauernder Sauerstoffentziehung bleiben die Amoeben vollkommen

---

[1] Die Pilzthiere (Mycetozoen) Fig. 1.

lebensfähig. In frisches Wasser übergeführt, nehmen sie von Neuem diesem zugefügte Stärkekörnchen auf und nun wird das „Körperchen" wiederum verdeckt.

Wird aber der Versuch zu lange ausgedehnt, so tritt der Tod der Zelle ein, das Plasma contrahirt sich, gerinnt und nun sieht man auch das Körperchen nicht mehr (Taf. III. Fig. 42).

Die Methode des Sauerstoffabschlusses zur Entfernung der Ingesta lässt sich nach meinen Erfahrungen für eine ganze Reihe zoosporenbildender Monadinen mit Erfolg anwenden, so für Diplophysalis-, Pseudospora-Arten u. A.; und manche, wie Mastigomyxa, sind so empfindlich, dass sie schon nach kurzem Auflegen des Deckglases ohne Oelverschluss die Fremdkörper ausstossen.

Andere Monadinen sind weniger empfindlich. So die Vampyrellen, die ich auch bei Oelverschluss nicht zur Abgabe der Ingesta zu zwingen vermochte.

In manchen nicht allzu stärkereichen Amoeben der *Protomonas amyli* lässt sich das „Körperchen", wie die Vacuolen, auch ohne alle künstlichen Mittel nachweisen, wenn man dieselben nur in ihren verschiedenen Lagen einige Zeit beobachtet. Sie breiten sich dann oft so aus, dass sich Ingesta und Körnchen vertheilen und nun Kern und Vacuolen ganz klar daliegen (siehe die in Taf. III. Fig. 43--45 dargestellten Phasen einer und derselben Amoebe). Wenn man dieses Moment beobachtet, kann man die Anwesenheit von Körperchen und Vacuole selbst in stärkereichen Amoeben, wenn auch nur auf Augenblicke, constatiren.

B. Zusammenfassung der Resultate und Schlussfolgerung.

Die Prüfung der HAECKEL'schen Ansicht, nach welcher die folgenden vier Süsswasser-Monadinen, nämlich *Vampyrella Spirogyrae* Cienk., *Vampyrella pendula* Cienk., *Leptophrys* (*Vampyrella*) *vorax* (Cienk.) und *Protomonas amyli* (Cienk.), Organismen darstellen, deren Plasmakörper keinerlei Differenzirung aufweist, ergab folgende Resultate:

1) Der Plasmakörper von *Vampyrella Spirogyrae*, *pendula* und *variabilis* zeigt deutliche Differenzirung in Plasmasubstanz, in ein einziges amoeboïdes rundliches Körperchen mit Kernreaction, das sich in den Zoocysten durch Theilung vermehrt, und in contractile Vacuolen. Die beiden letzteren Bildungen sind leicht nachweisbar an allen Individuen, welche noch ganz ingestafrei sind oder doch nur wenige Nahrung aufgenommen haben. In reich mit Nahrungstheilen beladenen Individuen werden das kernartige Körnchen und die Vacuolen vollständig verdeckt.

2) Der Plasmakörper von *Leptophrys vorax* zeigt deutliche Differenzirung in Plasmasubstanz, in zahlreiche rundliche, amoeboïde Körperchen mit Kernreaction und in zahlreich vorhandene Paramylumkörner. Contractile Vacuolen fehlen.

3) Der Plasmakörper von *Protomonas amyli* zeigt deutliche Differenzirung in Plasmasubstanz, in ein einziges rundliches Körperchen mit Kernreaction (bei Schwärmern und Amoeben) und in contractile Vacuolen. Die beiden letzteren Bildungen werden durch die Ingesta häufig gänzlich verdeckt. Durch Anwendung der Sauerstoffentziehungsmethode lassen sich aber die Ingesta (aus dem Amoeben- und Schwärmerkörper) entfernen und dann treten Kern und Vacuole klar hervor.

3*

Hieraus folgt, dass die in Rede stehenden Monadinen nicht „M o n e r e n" sein können; denn letzteren fehlt eben jede Differenzirung des Plasmakörpers.

Die HAECKEL'sche Moneren-Gruppe dürfte also um die genannten vier Species zu reduciren sein.

Der Auffassung, dass die amoeboïden, Kernreaction zeigenden Körperchen, welche ich im Plasma der untersuchten Arten nachweisen konnte, „K e r n e" darstellen, möchte übrigens wohl kaum etwas im Wege stehen.

Wenn CIENKOWSKI und HAECKEL diese Gebilde vermissten, so erklärt sich dieser Umstand wohl zum Theil dadurch, dass zur Zeit, wo jene Forscher arbeiteten, Instrumente und Methoden zum Nachweis der Differenzirung der Zelle minder vollkommen waren, als heutzutage.

Aber auch neuere Beobachter, wie z. B. KLEIN [1], haben die amoeboïden, Kernreaction zeigenden Körperchen, sowie die Vacuolenbildung der *Vampyrellen*, der *Protomonas amyli*, der *Leptophrys vorax* und die Paramylumkörner der letzteren übersehen. Erst BRASS [2] zeigte, wenn auch nur für *Vampyrella Spirogyrae*, dass Kern und Vacuole vorhanden sind.

Die Thatsache, dass gewisse, als Moneren betrachtete Monadinen differenzirt erscheinen, legt die Vermuthung nahe, es möchten auch die übrigen Moneren HAECKEL's einen wohldifferenzirten Plasmakörper besitzen.

Ich selbst habe die Richtigkeit dieser Vermuthung nicht prüfen können, da es sich hierbei um Meeresformen handelt, die mir nicht zugänglich waren.

Betreffs des *Myxastrum radians* Haeckel gewinnt diese Vermuthung durch Untersuchungen GRUBER's [3] an Wahrscheinlichkeit, welcher für *M. liguricum*, einer dem *M. radians* nahe stehenden Art, bestimmt nachwies, dass sie keineswegs kernlos ist, vielmehr durch Vielkernigkeit ausgezeichnet erscheint.

Es wäre nicht unmöglich, dass schliesslich alle HAECKEL'schen Moneren als solche gestrichen werden müssten. Sollte dieser Fall eintreten, so wäre die Monerenfrage damit noch keineswegs gänzlich beseitigt. Die moderne Auffassung von der Abstammung differenzirter Organismen drängt vielmehr zur Annahme der Existenz monerenartiger Wesen hin, und HAECKEL wird das Verdienst bleiben, diese Auffassung betont zu haben.

[1] *Vampyrella*, ihre Entwickelung und systematische Stellung p. 33.
[2] Biologische Studien. Heft I.
[3] Die Protozoen des Golfes von Genua. *Nova acta* Bd. 46. (1884.)

Zweiter Abschnitt.

Untersuchungen über neue Monadinen.

I. Diplophysalis stagnalis Zopf.

(Tafel III. Fig. 1—36.)

Vor mehreren Jahren beobachtete ich in Culturen von Nitellen, die monatelang im Warmhause des pflanzenphysiologischen Instituts zu Berlin gehalten worden waren, eine auffällige krankhafte Erscheinung. Sie äusserte sich zunächst darin, dass die vegetativen Organe (Internodien und „Blätter"), die anfangs schön chlorophyllgrün waren, einen bald schwächer, bald stärker hervortretenden gelblichen, gelbröthlichen oder bräunlichen Ton angenommen hatten oder auch gänzlich ausgeblasst erschienen. Im Laufe eines Jahres nahm diese Erscheinung derartige Dimensionen an, dass schliesslich nur noch die jüngsten Sprosse normales Aussehen hatten, während die Hauptmasse des Rasens bleich und todt erschien.

Ganz die nämlichen Krankheitssymptome liessen sich später an gewissen Charenformen constatiren, welche gleichfalls in Zucht genommen waren.

Die naheliegende Vermuthung, dass die Krankheit auch draussen in der Natur auftreten möchte, sollte sich bestätigen: *Nitella mucronata* und *flexilis*, sowie *Chara fragilis* und andere Charenformen, welche von mir theils in der Berliner Gegend, theils in Pommerschen Moorsümpfen und Seen, theils in den Tümpeln der Porphyrbrüche bei Halle gesammelt wurden, zeigten die nämlichen Krankheitssymptome; oft waren grosse Rasen theilweis verfärbt resp. ausgebleicht.

Es ist eine seit SCHENK's[1] Beobachtungen bekannte Thatsache, dass in den Schläuchen der Characeen häufig parasitische Saprolegniaceen hausen, welche den Inhalt der Wirthszellen aufzehren und dadurch die Rasen bleichen, und ich selbst habe im Laufe der Jahre vielfach solche Pythien, Rhizidien (*Rh. intestinum* und *Lagenaria*) Cladochytrien, Olpidien etc. beobachtet und untersucht.[2]

Allein im vorliegenden Falle ergab die Untersuchung der kranken Zellen die Gegenwart eines anderen, bisher noch nicht bekannten Organismus, der in die Reihe der Monadinen gehört.

---

[1] Ueber das Vorkommen contractiler Zellen im Pflanzenreich. Würzburg 1858.
[2] Zur Kenntniss der Phycomyceten. *Nova acta* der Leop. Akademie, Bd. XLVII 1885.

Was die Methode der Untersuchung betrifft, so ist es rathsam, das Object in der intacten Wirthszelle zu beobachten. Denn hier hat es seine natürlichen Bedingungen welche ihm jedenfalls leicht entzogen werden, wenn man es aus den Zellen herauspräparirt und ins Wasser des Objectträgers bringt. Die Nitellen- oder Charenzelle, im hängenden Tropfen gehalten, stellt die vollendetste feuchte Kammer dar, und es ist möglich, einzelne Zustände des Entophyten tage-, ja wochenlang continuirlich zu beobachten. Doch habe ich vorzugsweise und zunächst *Nitella*-Zellen zur Untersuchung gewählt, weil sie infolge mangelnder Berindung und meist geringerer oder fehlender Verkalkung durchsichtiger erscheinen, als Charazellen. Ueberdies las ich solche *Nitella*-Exemplare aus, deren Wandungen möglichst frei von aufsitzenden, die Beobachtung leicht störenden Algen befunden wurden.

Die gefundenen Entwickelungsstufen charakterisiren sich folgendermassen:

Zunächst bemerkte ich in den Nitellenzellen zahlreiche, relativ grosse, kugelige oder ellipsoidische bis eiförmige Körper, welche mit zarter Membran umkleidet waren und einen plasmatischen Inhalt besassen, der mit gröberen oder feinkörnigeren orangegelben bis sepiafarbenen Partikelchen oder Tröpfchen, häufig aber noch mit Stärkekörnern von den verschiedensten Dimensionen durchsetzt war (Taf. III. Fig. 18).

Wenn ich nun einen solchen Körper, etwa von einem Tage zum andern, in der intacten *Nitella*-Zelle cultivirte und continuirlich beobachtete, so konnte ich constatiren, dass sich in seinem Inhalt ein Sonderungsprocess abspielt rein mechanischer Art: Das bisher ganz gleichmässig durch die Zelle vertheilte Plasma zog sich nämlich nach der Wandung hin, um hier einen dicken Wandbelag von Kappenform zu bilden, der von der Seite (im optischen Durchschnitt) halbmondförmig (Taf. III. Fig. 21), von oben gesehen (gleichfalls im optischen Durchschnitt), ringförmig aussieht (Fig. 19).

Dieser Vorgang hat natürlich zur Folge, dass die früher im Plasma vertheilten festen Partikeln (deren Natur wir sogleich näher kennen lernen werden) einfach zusammengeschoben und zur Seite gedrängt werden, nunmehr einen Ballen darstellend, der in gewisser Ansicht excentrische (Taf. III. Fig. 21 *b*), in einer andern (um 90° gedreht) scheinbar centrische Lagerung zeigt (Taf. III. Fig. 19 *b*).

Sobald sich die räumliche Sonderung von Plasma und Nahrungsresten vollzogen hat, tritt in ersterem ein simultaner Zerklüftungsprocess ein, der die Bildung kleiner Plasmaportionen zur Folge hat, welche Fortpflanzungszellen und zwar Zoosporen repräsentiren. Zunächst in plastersteinartiger Anordnung liegend (Taf. III. Fig. 20), runden sie sich bald gegeneinander ab und erhalten Cilien (Taf. III. Fig. 22), mittelst deren sie sich schon jetzt bewegen. Zur Zeit der Reife werden diese Schwärmer in eigenthümlicher Weise in Freiheit gesetzt; es ist nämlich in dem schwärmsporenbildenden Behälter oder Cyste keine besondere Einrichtung für die Entleerung (etwa in Form eines vorgebildeten Loches oder Deckels oder Ausführungskanals) vorhanden; die Schwärmer müssen vielmehr einzeln die Membran durchbohren und dann ihren Plasmakörper durch die Oeffnung hindurchzwängen, was an den verschiedensten Punkten geschieht. Doch wird ihnen der Durchbruch in vielen Fällen dadurch erleichtert, dass die Membran infolge schwacher Vergallertung zarter und dünner wird. Der Austritt der Schwärmer lässt sich leicht verfolgen. Der Plasmakörper zwängt sich, mit der einen Cilie voran durch die feine Oeffnung hindurch, wobei es bisquitförmige Einschnürung erhält (Taf. III. Fig. 23 *a*) und nun fliesst der noch innerhalb der Membran liegende Theil schnell zu dem andern hinüber, die zweite Cilie nachziehend. Offenbar scheiden die Schwärmer ein Ferment ab, welches die Membran, die übrigens nicht Cellulosereaction zeigt, an jenen kleinen Stellen zu lösen vermag. Die in der Schwärmercyste (Zoocyste) zurückbleibenden Nahrungsreste, welche gewöhnlich in Form eines Ballens entgegentreten, bleiben noch kürzere oder längere Zeit von der Zoocystenhaut umschlossen, bis sie endlich bei deren gänzlicher Vergallertung und Auflösung isolirt werden. In zoocystenreichen Nitellen- und Charenzellen findet man daher schliesslich die freien Nahrungsballen in grosser Menge.

Bezüglich der Zahl der Zoocysten treten erhebliche Schwankungen ein, die sich zwischen einem Minimum von 3 einem Maximum von etwa 50 bewegen. Als Durchschnittszahl kann man etwa 30 annehmen.

In Nitellen-Schläuchen, wo oft gleichzeitig viele Dutzende der Zoocysten ihre Schwärmer entlassen, wimmelt es oft geradezu von diesen letzteren.

Ihre Form, in der Zoocyste eine rundliche (Taf. III. Fig. 22), ist ausserhalb desselben, im Schwärmzustande, mehr oder minder lang gestreckt (Taf. III. Fig. 1 *a—e*). Da sie sich beständig ändert, so erscheint der Schwärmer in diesem Moment spindelig, im nächsten wurmförmig, er spitzt und rundet sich bald an dem einen, bald an dem anderen Ende, schnürt sich auch einmal bisquitförmig ein oder contrahirt sich zur Eiform, kurz, seine Gestalt wechselt jeden Augenblick (Taf. III. Fig. 1 *a—e*). An jedem Pole trägt er eine deutliche mitunter, dick zu nennende Cilie (Taf. III. Fig. 1), die bald sich contrahirt, bald sich wieder ausstreckt und auch in seitlicher Richtung stets Bewegungen macht. Beim lebhaftesten Schwärmen ist die Form meist sehr langgestreckt, die beiden Cilien werden ziemlich steif gehalten und bei dieser Stellung der Geisseln jagt der Schwärmer in einer geraden oder gekrümmten Linie hin und zurück. Kommt er auf einige Zeit zur Ruhe, so werden die amoeboïden Bewegungen seines Plasmaleibes auffälliger und nehmen die Form des Kriechens an, wobei gewöhnlich eine Cilie eingezogen wird.

Im gestreckten Zustande messen die Zoosporen 8—12 mikr. Von sonstigen Eigenschaften wäre die Gegenwart eines Kernes und einer contractilen Vacuole wahrzunehmen, die man nicht in allen Ansichten bemerkt. Der Nachweis des kleinen Kernes ist schon auf rein optischem Wege nicht schwer zu führen, wenn man isolirte Schwärmer einige Stunden unter Deckglas hält, deren Ränder mit Provenceröl verstrichen sind. Der hierdurch herbeigeführte Luftabschluss bewirkt, dass sich das körnige Plasma von dem Kern etwas zurückzieht und den Kern nun nicht mehr verdeckt. Doch bedarf es bei der Kleinheit des Körperchens schon der Anwendung von Immersionssystemen.

An diesen Schwärmern wurde wiederholt und mit völliger Sicherheit die Beobachtung gemacht, dass sie eine Zweitheilung einzugehen vermögen, ein Factum, das für die zoosporenbildenden Monadinen bisher unbekannt war. In Taf. III. Fig. 1 *e—k* und Fig. 2 *a—e* findet man zum Beweise diesen wichtigen Vorgang in allen seinen Phasen dargestellt.[1]

Er hebt damit an, dass sich die an beiden Polen begeisselte Zoospore ruhig verhält und Spindelform annimmt (Taf. III. Fig. 1 *e*), darauf tritt, meist in der Ebene des Aequators, eine Einschnürung auf (Taf. III. Fig. 1 *f*. Fig. 2 *a*), die allmählich auffallender wird (Taf. III.

---

[1] Auch H. Buass giebt in seinen Biologischen Studien das Factum der Zweitheilung der Schwärmer an. Ich habe ihm auf seine Bitte meine Abbildungen zur Illustration dieses wichtigen Punktes überlassen.

Fig. 1 *g*. Fig. 2 *h*), bis uur noch ein dünner Isthmus die Theilstücke verbindet (Taf. III. Fig. 1 *h*. Fig. 2 *c*). Nachdem dieser sich zu einem feiner und feiner werdenden Faden ausgezogen (Taf. III. Fig. 1 *i k*. Fig. 2 *d*), trennen sich die meist rundlichen Tochterschwärmer infolge ihrer Cilienbewegung (Taf. III. Fig. 2 *e*). Sie erhalten später an dem der Theilungsstelle entsprechenden Pole gleichfalls eine Cilie. Mitunter sind die Theilschwärmer von ungleichem Volumen.

Zu manchen Zeiten trat der Theilungsprocess so häufig ein, dass ein grosser Procentsatz von Schwärmern ihn zeigte, zu anderen Zeiten konnte er trotz aller Bemühungen nicht constatirt werden, offenbar, weil er von ganz bestimmten, nicht zu jeder Frist vorhandenen Bedingungen abhängig ist. Durch den Theilungsprocess wird der Umstand erklärlich, dass man so häufig grössere und kleinere Schwärmer beisammen findet und dass es bei den kleineren, durch die Theilung entstandenen, mitunter nicht möglich ist, die zweite Cilie aufzufinden. Ob die secundären Schwärmer durch Theilung etwa tertiäre produciren, liess sich auf directem Wege nicht feststellen, dürfte aber wahrscheinlich sein.

Nach ihrer Befreiung aus der Zoocyste befinden sich die Schwärmer zunächst im Lumen der Characeenzelle. Ist diese noch hinreichend mit Nährstoffen versehen, so bleiben die Schwärmer daselbst, um sich weiter zu entwickeln, im anderen Falle durchbohren sie die Wirthszellmembran, schwimmen im Wasser umher und dringen sodann in andere Wirthszellen ein. Wie bekannt besitzt die Cellulosemembran der Characeen relativ beträchtliche Dicke; trotzdem aber wird sie von den relativ winzigen Schwärmern leicht durchbohrt, sowohl beim Ausschlüpfen aus der Wirthszelle, als beim Eindringen. Da der Modus der Infection mit dem bei *Pseudospora parasitica* Cienk. vollständig übereinstimmt, so sei auf die betreffende Beschreibung verwiesen.

Hat die Schwärmperiode ihre Endschaft erreicht, so treibt der Plasmakörper der Zoospore feine pseudopodienartige Plasmafortsätze (Taf. III. Fig. 4—9), die wegen ihrer Zartheit in ihrer ganzen Länge nur bei allergenauester Beobachtung gesehen werden. Gleichzeitig ziehen sie ihre Cilie ein und stellen nunmehr den Amoebenzustand dar (Taf. III. Fig. 4—9). Indem die Pseudopodien an der einen Seite des Plasmakörpers eingezogen, an der anderen weit ausgestreckt werden, bewegt sich die Amoebe langsam vorwärts, der Innenwand der Nitellenzelle eng angeschmiegt, oder auch in der Zellflüssigkeit schwimmend. Zu Nährtheilen hingelangt, umhüllen die Amoeben diese und ziehen sie infolge der Contraction der Fäden in den Plasmakörper hinein. Je nach dem Inhalt der Wirthszelle sind die Nahrungsbestandtheile verschieden. Ich habe den Parasiten im Herbst öfters in *Nitella*-Schläuchen beobachtet, welche bereits vollständig abgetödtet und ihrer Chlorophylls, sowie der Stärke beraubt waren. In diesem Falle waren es nur kleine plasmatische Körnchen, kleine Stärkereste und Oeltröpfchen, welche die Nahrung der Amoeben bildeten. Aber man trifft die *Diplophysalis* auch in solchen *Nitella*- und *Chara*-Schläuchen, die von Stärke noch ganz angefüllt sind, ja hier und da selbst noch geringe Massen von Chlorophyll zeigen. Die Amoeben nehmen dann diese Stoffe auf und verwandeln das Letztere in eine bräunliche bis tiefbraune Masse, während die Stärkekörner farblos bleiben. An den Stellen, wo grosse Amoeben sassen, findet man später eben so viele Lacunen in den Stärkemassen.

Die Art und Weise, wie die Amoeben sich ihre Nahrung heranholen, kann man in sehr klarer Weise beobachten an solchen *Nitella*-Schläuchen, welche noch all ihr Chlorophyll besitzen. Man sieht dann, wie die Amoebe ausserordentlich lange und feine, hie und da mit einem eingestreuten Körnchen versehene Pseudopodien aussendet, welche sich als zarteste Plasmafäden von einem Chlorophyllkorn zum andern spinnen (Fig. 14. 15) und in ihrer Gesammtheit den Eindruck eines feinen Spinngewebes machen.

Mittelst dieser feinen Pseudopodien werden nun die bis dahin so regelmässig in Reihen gelagerten Chlorophyllkörper, die übrigens infolge des Einflusses des Parasiten bald eine intensive Orangefärbung annehmen, aus ihrer natürlichen Lage gebracht, einander mehr und mehr genähert, zu den verschiedensten Gruppen zusammengedrängt und endlich an den Plasmakörper der Amoebe herangezogen. Dieses Heranlootsen der Chlorophyllkörper kann man in directer Weise deutlich verfolgen und sodann sehen, wie sie einzeln oder zu mehreren nach und nach von dem Amoeben-Plasma umhüllt werden (Fig. 14. 15. 16). Oft erreicht der aus den orangefarbenen Chlorophyllkörnern gebildete Ballon riesige Dimensionen. Bei der Verdauung wird das Chlorophyll chemisch verändert, sodass an Stelle der Orangefarbe ein Roth- bis Dunkelbraun tritt. Ueberdies werden die Körner zu einem dichten sich abrundenden Ballen zusammengeschoben (Fig. 17). Zahlreiche Amoeben der *Diplophysalis* sind im Stande, binnen wenigen Tagen den gesammten Chlorophyllinhalt auch der grössten Nitellen- oder Charenzellen zu vertilgen.

Haben die Amoeben infolge der Nahrungsaufnahme eine gewisse Grösse erreicht, so ziehen sie ihre Pseudopodien ein und runden ihren Plasmakörper allmählich ab (Fig. 17). Zunächst sieht man den Contour noch in welligen Bewegungen, dann aber hören auch diese auf und die Rundung wird vollständig. Darauf umgiebt sich der Körper mit zarter Membran und stellt nun eine junge schwärmerbildende Cyste dar (Fig. 18), also den Zustand, von welchem unsere Betrachtung ausging.

Nachdem eine kleinere oder grössere Reihe von Generationen schwärmerbildender Cysten aufgetreten ist, kommt es zur Erzeugung von Individuen mit Dauersporenfructification (Sporocystenform Fig. 28). In Culturen, die ich einige Monate stehen liess, trat sie immer unfehlbar ein.

Sie kann zu jeder Jahreszeit stattfinden: ich beobachtete sie auch schon im ersten Frühjahr und zwar in grossen Mengen. Ist die Dauersporenfructification erst im Gange, so tritt die Bildung der Zooeysten mehr und mehr zurück, um schliesslich unter Umständen gänzlich zu verschwinden.

Der Entwickelungsgang der dauersporenbildenden Individuen stimmt in seiner ersten Phase mit dem der schwärmerbildenden überein. Erst wenn die Amoebe in den Ruhezustand gelangt und zur kugeligen oder ellipsoidischen, mit dünner Membran versehenen Cyste abgerundet ist, schlägt der weitere Entwickelungsgang eine andere Richtung ein.

Zunächst sondert sich das Plasma innerhalb der primären Cystenhaut ab von den Nahrungsresten, aber nicht um einen Wandbeleg zu bilden, sondern um sich zu einem rundlichen Körper zu contrahiren (Fig. 24 *A* bei *C*). Bei diesem Vorgang werden die Nahrungsüberbleibsel (Chlorophyllreste, Stärkekörner) zur Seite gedrängt (Fig. 24 *A* bei *B*). Da die Contraction der Plasmamasse nicht an allen Punkten gleichmässig erfolgt, so erscheint ihr Contour mit unregelmässigen oder regelmässigen, bald warzigen (Fig. 24 *A*), bisweilen spitz-zahnartigen Protuberanzen versehen. Im Innern der Plasmamasse gewahrt man einen Kern. Später umgiebt sich diese Primordialzelle mit einer dünnen Haut von

4

entsprechender Configuration (Fig. 24 *B*). Innerhalb dieser secundären Cyste, welche allmählich schwach gelbbraun tingirt wird (Fig. 26 *O*. 27 *s*)[1], contrahirt sich das Plasma nochmals, um nunmehr eine, höchst selten zwei Dauersporen zu bilden, die mit derber, meist schwach gebräunter, sculpturloser Haut umgeben sind und gewöhnlich kugelige oder kurz ellipsoïdische Gestalt besitzen (Fig. 25. 27 *sp*). In Bezug auf Grösse finden sich mannigfache Schwankungen, bisweilen messen sie nur etwa 12 mikr., bisweilen 30 mikr. und darüber. In gleicher Weise schwankt die Grösse der primären und der secundären Cyste. Jene bat bald nur 20, bald 60—80 und mehr mikr. im Durchmesser.

II. Diplophysalis Nitellarum (Cienk.).

(Tafel III. Fig. 29—35).

Sie theilt mit der vorigen Species nicht nur das Substrat (Nitellen und Charen), sondern übt auch die nämlichen schädlichen Wirkungen auf dasselbe aus, sodass sie gleichfalls als ein gefährlicher Charenfeind bezeichnet werden muss.

Nach CIENKOWSKI's Mittheilungen[2] zu schliessen, die allerdings nach Text und Abbildungen nur sehr fragmentarischen Charakter tragen, hat dieser Autor den Schmarotzer, welchen er als *Pseudospora Nitellarum* benannte, offenbar gleichfalls vor Augen gehabt.

Ich selbst habe den Parasiten zu den verschiedensten Jahreszeiten bei Berlin und in Pommerschen Moorsümpfen in *Nitella mucronata* und *flexilis*, sowie in mehreren *Chara*-Arten beobachtet und lange Zeit in Cultur gehalten.

Was seine Entwickelung anlangt, so bildet er Schwärmer, Amoeben, Zoocysten, und Sporocysten.

Jene drei erstgenannten Stadien stimmten morphologisch sowohl als biologisch so sehr mit denen der *Diplophysalis stagnalis* überein, dass sie nicht von dieser zu unterscheiden waren. Nur bezüglich des letztgenannten Zustandes machte sich eine Abweichung bemerkbar.

Die secundäre Cystenhaut besitzt nämlich nicht die morgensternartige Configuration derjenigen von *D. stagnalis*, sondern sie erscheint vielmehr glatt (Fig. 29 *s*) oder doch nur schwach- und stumpfeckig (Fig. 30). In der Regel ist sie, von der Seite gesehen, ellipsoïdisch oder schwach zusammengedrückt, spindelförmig, weil der geringe Raum zwischen den abgeschiedenen Nahrungsresten und der primären Cyste ihr meist nur beschränkte Ausdehnung gestattet (Fig. 29, *b s*), von oben betrachtet rundlich.

Zur Winterszeit, wo die Stärke in den Characeenzellen den Chlorophyllgehalt überwiegt, sind Stärkekörner die Haupteinschlüsse (Fig. 29 *b*); in der wärmeren Jahreszeit indessen, wo das Chlorophyll vorwiegt, zeigen die Nahrungsreste stark ins Gelbbraune oder Sepiabraune spielende Färbung (Fig. 29 *a*. 30). Bezüglich der Dicke der Cystenmembranen treten Variationen dahin ein, dass bald die primäre Cyste sehr zart und dünn, die secundäre dagegen derb und doppelt contourirt erscheint, bald die primäre dicker, als die secundäre auftritt. In der reifen kugeligen Dauerspore gewahrt man eine grosse centrale, den Kern verdeckende Masse von Reserveplasma und ausserdem meistens peri-

---

[1] Der braune Farbstoff der Cyste, sowie der des Nahrungsballens lässt sich durch Alcohol extrahiren.

[2] Beiträge zur Kenntniss der Monaden. (MAX SCHULTZE's Archiv Bd. I, p. 213. Taf. 12. Fig. 12. 13.)

phcrisch gelagerte, eng zusammenliegende Körner derselben Substanz (Fig. 29 b). Die Sporenhaut ist derb, glatt und farblos.

Man könnte, da *Diplophysalis Nitellarum* mit *D. stagnalis* sowohl biologisch als morphologisch eine gewisse Uebereinstimmung zeigt, zu der Vermuthung kommen, dass beide Formen nur Varietäten einer und derselben Species seien. Allein diese Auffassung würde nicht die richtige sein; denn beide kommen stets getrennt, d. h. niemals in derselben Characeenzelle vor. Ferner habe ich die oben beschriebene Form der secundären Cyste der dauersporenbildenden Individuen stets constant gefunden und trotz des sehr reichlich mir zu Gebote stehenden Materials niemals Uebergänge zu der Morgensternform der Cyste jener andern Art finden können. Uebrigens kommt *D. Nitellarum* auch ganz für sich in Nitellen-Culturen vor, ohne dass jemals *D. stagnalis* aufträte.

Wie bereits bemerkt, blieb bezüglich der Entwickelungsgeschichte der *D. stagnalis* eine Lücke in meiner Darstellung, welche die Frage nach dem Modus der Auskeimung der Dauerspore betrifft. Diese Lücke auszufüllen musste um so mehr mein Bestreben sein, als die Keimung von Monadinen-Sporen bisher überhaupt noch nicht studirt wurde, weder bei der Gruppe der pseudosporaartigen Monadinen, noch bei den Vampyrellenartigen.

Während nun meine Bemühungen bei *D. stagnalis* und anderen Pseudosporen bisher ohne Erfolg blieben, gelang es mir für die in Rede stehende Art, nach vielen Versuchen und Beobachtungen zu einem positiven Resultate zu kommen.

Um die Auskeimung zu erzielen, wandte ich zunächst die bei Pilzen mit Erfolg mehrfach benutzte Methode an, dass ich das im Herbst geerntete Sporenmaterial längere Zeit an einem kühlen Orte eintrocknen liess, sodann, nach monatelangem Liegen, wieder ins Wasser brachte und bei Zimmertemperatur in Cultur hielt. Allein diese Versuche, die im Spätherbst und Winter (bis Mitte Januar) gemacht wurden, ergaben negative Resultate. So schlug ich einen anderen Weg ein, der in wochenlang fortgesetzter Musterung grösserer Mengen von Sporen bestand, die noch in den Characeenschläuchen lagen. Schon gegen Ende Januar traf ich nun Keimungsstadien an und hatte bald sehr reiches Material mit allen Phasen dieses Processes zur Verfügung.

Es kam darauf an 1) zu entscheiden, ob der Inhalt der Dauerspore verwandt wird zur Bildung von Amoeben (einer oder mehrerer) oder zur Bildung von Schwärmern (und im letzteren Falle: ob die Schwärmer von den in den Schwärmercysten gebildeten abweichen oder nicht), sodann 2) zu sehen, welche Rolle bei der Keimung der Kern und das Reserveplasma der Spore spielt.

Die erstere Frage konnte dahin entschieden werden, dass das Endproduct der Keimung nicht Amoeben, sondern in Mehrzahl gebildete Zoosporen sind, welche mit denen der Schwärmer erzeugenden Cysten in allen Puukten übereinstimmen.

Bezüglich des zweiten Punktes ist Folgendes zu bemerken: Das Reserveplasma, das der Hauptsache nach in Form jenes grossen centralen, den Kern verdeckenden Körpers vorhanden ist (Fig. 29 b), den man leicht für den Kern selbst ansehen könnte und der sich mit Ueberosmiumsäure stark bräunt (also wohl fettreich ist), sowie nach Extraction mit absolutem Alcohol durch Haematoxylin stark violett färbt, zerfällt in zahlreiche, zunächst grössere, dann immer kleiner werdende Kugeln (Fig. 30). Sie zertheilen und vertheilen sich schliesslich in der Weise, dass der Plasmakörper schliesslich gleichmässig mit zahlreichen winzigen Tröpfchen resp. Körnchen durchsetzt erscheint (Fig. 31).

Das Verhalten des Kernes während dieses Processes zu studiren, ist mir leider nicht möglich gewesen, da das Reservematerial denselben so vollständig verdeckt, dass auch die Anwendung von Reagentien keinen Aufschluss ergab.

In dem körnigen Inhalt tritt nun, offenbar infolge von Wasserabscheidung, vielleicht auch noch von Wasseraufnahme, eine grosse centrale Vacuole auf, welche das Plasma zu wandständiger Lagerung (zur Bildung einer Hohlkugel) zwingt (Fig. 32 im optischen Durchschnitt). Aus dieser pheripherischen Plasmamasse, die eine relativ dicke Schicht darstellt, bildet sich nun eine grössere Anzahl von Schwärmern (Fig. 33—35), wahrscheinlich durch Ansammlung des Plasmas um kleine Kerne, die durch Theilung aus dem ursprünglichen Sporenkern hervorgehen würden. Je nach der Grösse der Spore schwankt die Zahl der Schwärmer etwa zwischen 20 und 40. Sie liegen anfangs in pflastersteinartiger oder parenchymatischer Anordnung, bis sie sich gegeneinander abrunden und zwei Cilien erhalten, mittelst deren sie sich in der ursprünglichen Sporenhaut bewegen. Wie bei den gewöhnlichen schwärmererzeugenden Cysten besitzt auch die Sporenhaut keine besonders vorgebildete Austrittsstelle für diese Schwärmer, sondern ein jeder bahnt sich selbst den Weg, die Sporenhaut, die secundäre und primäre Cyste an eng umschriebener Stelle durchbohrend.

Die Spore ist also zur schwärmerbildenden Cyste (Zoocyste) geworden.

Uebrigens vollziehen sich die letzten Processe der Schwärmerbildung, von dem Auftreten der Vacuole an gerechnet, ziemlich schnell, sodass sie sich (unter dem Deckglase) in oft weniger als einer halben Stunde abspielen.[1]

III. Pseudospora maligna Zopf.[2]
(Tafel IV. Fig. 16—28.)

Während die bisher beschriebenen *Pseudospora*-Arten[3] in Algen schmarotzen, erwählt sich die vorliegende Species ihre Substrate aus der Gruppe der Moose und zwar der Laubmoose. Sie ruft eine epidemische Krankheit hervor, welche dadurch charakterisirt ist, dass die Zellen der Protonemata zerstört und die Moospflänzchen infolgedessen in ihrer Entwickelung gehemmt oder auch gänzlich unterdrückt werden. Schon äusserlich macht sich der Parasitismus darin bemerkbar, dass die Protonemata ausbleichen. Das Material, an welchem ich den Schmarotzer und seine Wirkungen beobachtete, gehörte zunächst einem wasserbewohnenden, *Hypnum*-artigen Moose an. Später traf ich den Parasiten auch im Vorkeim anderer und zwar erdbewohnender Moose.

Was sich in Bezug auf die Morphologie ermitteln liess, ist Folgendes:

Die Zoocysten stellen kugelige Körper dar (Fig. 26. 27 *A*). In dem Stadium, welches der Schwärmerbildung unmittelbar voraufgeht, bemerkt man in dem Plasma eine meist excentrische Vacuole, welche den braunen, aus Chlorophyllresten bestehenden Nahrungsballen umschliesst (Fig. 24 bei *A*). Der zwischen Membran und Vacuole liegende Raum füllt feinkörniges Plasma aus. Es zerklüftet sich in kleine Portionen (Fig. 26), deren Zahl relativ gering ist, bei grösseren Zoocysten (die grössten, die ich fand, massen ca. 13 mikr.) wohl nur

---

[1] Vgl. meine Pilzthiere, p. 54.   [2] l. c. p. 120.   [3] l. c. p. 117—120.

selten über 12 beträgt. Vom Beginn der Zerklüftung bis zur Ausbildung der Schwärmer vergeht nur kurze Zeit (in den von mir beobachteten Fällen nur etwa zehn Minuten). Wie bei den übrigen *Pseudospora*-Arten geschieht auch hier die Entleerung der Zoocysten in der Weise, dass die Schwärmer die Zoocystenmembran an verschiedenen Punkten durchbohren (Fig. 27). Der letzte Schwärmer bleibt regelmässig kurze Zeit um den Nahrungsballen gelagert, bis auch er schliesslich die Zoocyste verlässt. Die äusserst lebhafte Bewegung der Schwärmer wird durch eine einzige, feine Cilie vermittelt. Im Zustande schnellsten Schwärmens erscheint der Körper der Zoospore sehr gestreckt, spindelförmig (etwa 7 mikr. lang) (Fig. 28), sobald sie aber etwas ruhiger werden, verändern sie diese Gestalt ins Cylindrische, Birnförmige, Ellipsoïdische, Kugelige, Stumpfeckige etc., und zwar in kürzester Zeit; mit einem Wort: sie besitzen stark amoeboïdale Eigenschaften (in Fig. 18 *a—g* ist eine kleine Formenreihe dargestellt, welche die Gestaltveränderungen eines und desdelben Schwärmers innerhalb weniger Minuten zur Anschauung bringt. Ebenso zeigen Fig. 23. 24. 25 die verschiedensten Schwärmerformen). In einem Falle sah ich Schwärmer unmittelbar nach ihrer Befreiung aus der Zoocyste gegen die geschlossene Wirthsmembran hinwandern und durch eine dünnere Stelle derselben sich durchbohren, wobei einer dem andern unmittelbar folgte (Fig. 25). Doch scheint es Regel, dass die Zoosporen erst einige Zeit in der alten Wirthszelle verweilen, bevor sie eine neue aufsuchen. So zeigt die in Fig. 24 dargestellte Protonemazelle, 24 Stunden später als ihr in Fig. 23 dargestellter Zustand gezeichnet, noch einen grossen Theil der aus der Zoocystengruppe *A* stammenden Schwärmer beisammen[1]. Doch haben sie jetzt ihren stark amoeboïdalen Charakter eingebüsst und sind sämmtlich rundlich geworden. Auch die Thätigkeit der Cilie hat an Lebhaftigkeit verloren, daher nimmt man nur noch ruckweis erfolgende, zum Theil drehende Bewegungen der Schwärmer wahr, wobei eine merkbare Ortsveränderung kaum stattfindet. Dabei zeigen die älteren (*a* derselben Figur) zahlreiche gröbere Körnchen, während die später entstandenen, jüngern (bei *b* dargestellt) die ursprüngliche Feinkörnigkeit beibehalten haben. Jener Umstand beruht darauf, dass auch die Schwärmer im Stande sind, Nahrung aufzunehmen, und nicht' bloss feinere Körnchen, sondern auch gröbere.

In Fig. 22 habe ich zwei Schwärmer dargestellt, welche grössere Mengen von Chlorophyll aufgenommen haben, ihre Bewegung ist aber, der durch die Nahrungsaufnahme erfolgten Vergrösserung ihres Körpers entsprechend, nur noch eine träge, drehende.

Meist dringen die Schwärmer zu mehreren bis vielen in frische Wirthszellen ein. Ich habe häufig Protonemazellen gesehen, in denen sich mehr als 30 junge Parasiten angesiedelt fanden. Sie zeigen, wie es scheint, auch nach dem Eindringen der Cilie, ziehen diese dann ein und senden dafür äusserst feine, leicht übersehbare Pseudopodien aus (Fig. 19). Mittelst dieser ziehen sie nun die Chlorophyllkörper der Mooszellen zu sich heran und nehmen dieselben in ihren Plasmakörper auf. Schon durch die Berührung der Pseudopodien werden die Chlorophyllkörper verändert, sowohl bezüglich der Gestalt, die eine auffallend eckige wird, als bezüglich der Färbung, die in ein dunkleres Grün übergeht. Im Plasmakörper der Parasiten verändert sich dann Form und Farbe noch mehr, es entstehen so aus den Chlorophyllkörpern kleine braune Massen, die anfangs noch getrennt,

---

[1] Die Zoocystenhäute in Fig. 24 *A* sind leer, nicht, wie die in der Lithographie zu starke Schattenlage andeuten könnte, noch plasmahaltig.

später zu einem einzigen grösseren excentrischen Ballen zusammengedrängt werden, welch letzterer von einer Vacuole umschlossen erscheint. Endlich werden die Pseudopodien eingezogen, der Plasmakörper rundet sich ab und scheidet eine zarte Membran aus. So ist die Zoocyste für die bereits geschilderte Schwärmerbildung fertig (Fig. 23 A). Weitere Culturversuche, die zur Erlangung der Dauersporen-Fructification führen sollten, blieben leider erfolglos.

IV. Aphelidium deformans Zopf.[1]

(Tafel IV. Fig. 1—17.)

Als ich im März vergangenen Jahres eine *Nitella* (*N. flexilis*), die aus Moorsümpfen Pommerns (beim Dorfe Speck) stammte, auf gewisse parasitische Organismen untersuchte, bemerkte ich zu meinem Erstaunen, dass die auf den Nitellen-Schläuchen angesiedelten Exemplare einer *Coleochaete* (*C. soluta*) hin und wieder eine höchst sonderbare Erscheinung darboten. Ein oder mehrere Zellen jedes Thallus erschienen nämlich in auffälliger Weise vergrössert und auch ihr Inhalt bot insofern wesentliche Veränderungen dar, als der Chlorophyll-farbstoff verschwunden und statt seiner rothbraune Klümpchen vorhanden waren, welche eingebettet lagen in eine farblose, die ganze Zelle ausfüllende körnige Plasmamasse.

Angesichts dieser eigenartigen Erscheinung musste sich die Vermuthung aufdrängen, dass hier ein Product parasitischer Einwirkung vorliegen möchte, und da das Material sich für eine genauere Untersuchung als günstig erwies, überdies die Möglichkeit vorhanden war, dasselbe täglich aus einem naheliegenden kleinen See zu erneuern, so wurde die Untersuchung sofort in Angriff genommen.

Hierbei stellte sich als Ergebnis heraus, dass in der That ein Parasit jene Erscheinung erzeugt. Aus der Entwickelungsgeschichte erhellt ferner, dass derselbe zu den übrigen Objecten dieser Abhandlung in verwandtschaftlichen Beziehungen steht, und in Rücksicht auf diesen Umstand möge seine kurze Besprechung hier eingefügt werden.

1. Morphologisches.

Was die Morphologie des Schmarotzers anbelangt, so hat man vier Zustände aus-einander zu halten: 1) die Schwärmersporenform, 2) die Amoebenform, 3) das Schwärmer erzeugende Stadium, 4) die Dauersporenform.

Der jüngste Zustand des Parasiten, den ich in der Wirthszelle als deutlich erkenn-baren Fremdkörper wahrnehmen konnte, war in Form einer kleinen Amoebe vorhanden, die ihre feinen, kaum sichtbaren Pseudopodien zwischen die Inhaltstheile der Algenzelle hineinstreckte. Ein solches Object ist in Taf. IV. Fig. 1 a dargestellt. Man sieht, wie der Chlorophyllinhalt infolge der parasitischen Einwirkung bereits anormal geworden, was sich einerseits in der Bildung von mehreren Ballen äussert, andererseits darin, dass bereits ein solcher kleiner Ballen verdaut ist, wie der winzige rothbraune Rest andeutet.

Infolge der Aufnahme von Plasma, Chlorophyll und sonstigen Inhaltsbestandtheilen

---

[1] Von ἀφελής = einfach, schlicht. Der Speciesname bezieht sich auf die hypertrophischen Wirkungen (Gallenerzeugung) des Parasiten. Vgl. meine Pilzthiere p. 127. Fig. 48.

der Wirthszelle wächst die parasitische Amoebe zu einem grossen Plasmakörper heran. der die Coleochaetenzelle gänzlich ausfüllt. Man sieht in Fig. 2 *a* einen solchen Zustand ausgebildet; das Chlorophyll ist hier in mehrere Klümpchen zusammengeballt, die theils noch grün (schmutzig-grün) sind, theils schon den Process der Verdauung vollständig durchgemacht haben und daher auf kleine, rothbraun gefärbte Massen reducirt erscheinen. Ich hielt dieses nämliche Object 24 Stunden in Cultur (im Wassertropfen), und jetzt war alles Chlorophyll in das Endstadium der Veränderung eingetreten (Fig. 2 *b*). Aehnliche Bilder bieten Fig. 3 und 4 *B*.

Ist dieses Stadium erreicht, so erscheint der Parasit als eine homogen-feinkörnige. die ganze Wirthszelle ausfüllende Plasmamasse. Doch wird sie gewöhnlich durchsetzt von ein bis mehreren grösseren Vacuolen (Fig. 2 *b v* und Fig. 3. 4 *v*), in deren wässrigem Inhalt gewöhnlich die rothbraunen Chlorophyllreste schwimmen, oft zu einem oder mehreren Ballen zusammengedrängt.

Nun tritt die Plasmamasse in das Stadium der Schwärmerbildung ein (Fig. 5).

Man sollte erwarten, dass vor Beginn dieses Processes, das Plasma eine Membran abscheiden würde (wie das bei allen anderen Pseudosporeen zu geschehen pflegt, die in dieser Arbeit behandelt sind). Allein eine solche Cystenbildung unterbleibt thatsächlich, und in diesem Moment liegt ein Hauptcharakteristicum für unser Object. Ja das Parasitenplasma zieht sich nicht einmal von der Wirthswandung zurück, sodass letztere gewissermassen selbst als Cystenhaut fungirt (es läge hier also eine Art von „Pseudo-Cystenbildung" vor).

Der Plasmakörper zerklüftet sich nunmehr in Schwärmsporen (Fig. 5. 6), deren Form kugelig und deren Grösse ausserordentlich gering erscheint (sie beträgt 2—3 mikr.). Die Zahl ist eine relativ beträchtliche. Bei grossen Exemplaren beträgt sie mehrere Hunderte, bei kleineren wohl nicht unter fünfzig.

Zur Reifezeit treten die Schwärmer aus der Coleochaeten-Zelle aus ins umgebende Wasser; denn wenn man reife Pseudocysten 12—24 Stunden im Tropfen hält, so sind nach Ablauf dieser Frist sämmtliche Zellchen entleert. Trotzdem Hunderte solcher Zustände beobachtet wurden, glückte es mir doch niemals, das Ausschlüpfen direct zu beobachten. Doch kann es keinem Zweifel unterliegen, dass die Schwärmer die Wirthsmembran durchbohren; denn eine vorgebildete Austrittszelle ist nicht vorhanden. In der entleerten Wirthszelle sieht man noch lange die unverdaulichen Chlorophyllreste liegen. Ob die Schwärmer, die übrigens stets eineilig zu sein scheinen, als solche eindringen in die Wirthszellen oder erst nach dem Uebertritt in den Amoeben-Zustand, konnte ich leider nicht feststellen, da die Schwierigkeiten, diese überaus kleinen Gebilde längere Zeit zu verfolgen, sich nicht überwinden liessen, andererseits die etwa bereits eingedrungenen Zellchen in dem von Chlorophyll verdeckten Inhalt der Wirthszelle weder auf rein optischem Wege, noch auf dem Wege der Reagenz-Anwendung in ihrer Form sicher nachweisbar zu sein scheinen, infolge ihrer Kleinheit und des geringen Lichtbrechungsvermögens.

Nach Analogie mit anderen niederen Schleimpilzen muss der Schmarotzer noch eine anderweitige Fructification besitzen: die Dauersporenform. Lange suchte ich vergeblich nach einer solchen; denn das aus dem erwähnten See immer frisch gesammelte Material ergab stets nur die schwärmererzeugenden Zustände. In einer grösseren Nitellen-Cultur aber, die ich mir bereits im Januar hatte einsetzen lassen, die also bereits drei Monate alt war, fand ich reichlich Zustände, welche die gesuchte Entwickelungsphase repräsentiren (Fig. 9—17).

Was die Entwickelung der dauersporenbildenden Individuen betrifft, so schlägt sie nach meinen Beobachtungen zunächst genau denselben Gang ein, wie bei den schwärmererzeugenden und dieser Umstand überhebt mich einer nochmaligen Beschreibung. Später aber stösst das Plasma die braunen Nahrungsreste infolge von Contraction gänzlich aus und rundet sich zur Spore (Fig. 10—17 *s*) ab. Den Nahrungsballen sieht man nach der Bildung beständig daneben liegen (wo er fehlt, sind wenigstens gebräunte Körnchen vorhanden). Gestalt und Grösse der Sporen variiren zwar, aber innerhalb engerer Grenzen. Jene ist bald kugelig (Fig. 13. 14), bald eiförmig, ellipsoidisch bis nierenförmig (Fig. 10—12. 16).

Die Grösse beträgt 12—30 mikr. Die Membran ist derb, doppelt contourirt, glatt, schwach gebräunt.

Das Reservematerial, anfangs in Form kleiner Körnchen durch den Inhalt vertheilt, verschmilzt später zu stark lichtbrechenden Massen, die central oder excentrisch liegen, bisweilen den Polen meniskenartig angelagert. Sporen- und schwärmererzeugende Zustände kommen oft an demselben Thallus vor (Fig. 17 *s* und *a*).

2. Biologisches.

Wie bereits oben mitgetheilt, bewohnt *Aphelidium deformans* die vegetativen Zellen der *Coleochaete soluta*, ob ausschliesslich, mag dahin gestellt bleiben, da Oogonien dieser Alge in meinen Culturen nicht auftraten. Man findet oft an jedem Individuum mehrere Zellen befallen, welche entweder an verschiedenen Punkten des Thallus liegen oder unmittelbare Nachbarschaft halten (Fig. 17).

Was die Wirkungen des Parasiten betrifft, so äussern sie sich in folgenden Punkten:

1) Hypertrophie der befallenen Zellen (Gallenbildung). Die Gallen erreichen oft das acht- bis zehnfache Volumen normaler Coleochaeten-Zellen (Fig. 2 *a*. 5. 7. 8). Unter allen anderen niederen Mycetozoen giebt es keine einzige Art, welche ähnliche Wirkungen hervorbrächte, mit Ausnahme einer von mir in den Blättern von *Pontederia crassipes* aufgefundenen Parasiten, der gleichfalls Anschwellung seiner Wirthszellen verursacht. Durch jene Wirkung erinnert Aphelidium übrigens an die Synchytrien. Mit den Hypertrophieen sind gewöhnlich verbunden:

2) Veränderungen in der Gestalt der befallenen Zellen. Während normale Thalluszellen, wie bekannt, regelmässig (viereckig oder polygonal) erscheinen, nehmen die inficirten in der Mehrzahl der Fälle unregelmässige, oft höchst auffällige und sonderbare Formen an (Fig. 2—8), besonders wenn sie nach zwei Seiten hin auswachsen (Fig. 7). Ueberdies herrscht in dieser Unregelmässigkeit so grosse Variabilität, dass man unter Hunderten von Gallen nicht zwei findet, welche einander ganz gleich gestaltet wären. Zur Veranschaulichung des Gesagten verweise ich auf alle die dargestellten Gallenbilder, unter denen Fig. 2. 6 und 7 besonders unregelmässige Formen repräsentiren. Eine grössere Anzahl solcher Unregelmässigkeiten bildlich wieder zu geben, habe ich absichtlich unterlassen.

3) Veränderungen an der Membran. Sie treten in zwiefacher Form auf: als

Verdickungen und als Faltungen. Jene erfolgen bald gleichmässig in der ganzen Ausdehnung der Membran, bald ungleichmässig. Besonders verdickte Membranen zeigen gewöhnlich eine deutliche Differenzirung in zwei Lamellen, von denen die innere stärker lichtbrechend erscheint. Später quillt die Membran etwas auf.

Die Faltungen sind zwar nicht an allen, aber doch an vielen Gallen zu sehen, hier in der Einzahl, dort zu mehreren, und bald mehr bald weniger ins Lumen der Galle vorspringend (Fig. 6f). An jüngeren Exemplaren sind sie natürlich noch nicht vorhanden.

4) Veränderungen im Inhalt. Dass die Inhaltsbestandtheile der Coleochaetenzellen, also Chlorophyll, Plasma und Zellkern dem Schmarotzer als Nahrung dienen, ist bereits oben bemerkt. Nur die Stärke scheint nicht assimilirt werden zu können, denn sie wird bei der Fructification aus dem Plasmaleibe des Parasiten, scheinbar ohne irgend welche Veränderung erlitten zu haben, ausgestossen. Das Chlorophyll wird, wie schon früher gezeigt, stark verändert. Im Plasmakörper des Parasiten ist nämlich, wie bei anderen parasitischen Mycetozoen, eine Substanz vorhanden, welche das aufgenommene Chlorophyll, nachdem es in Ballen geformt ist, zerstört und in sich rothbraun färbende Krümchen umwandelt, die später gewöhnlich ausgestossen und zwischen Parasiten und Wirthsmembran gelagert zu einem einzigen oder mehreren Häufchen zusammengedrängt werden (Fig. 3. 4. 6. 7. 10).

3. Systematisches.

Was die Stellung unter den niederen Mycetozoen betrifft, so giebt die Anwesenheit der vier Entwickelungszustände: Schwärmer, Amoebe, schwärmsporenbildender Zustand und Dauersporenstadium, einen Hinweis, dass der Schmarotzer zunächst in die Gruppe der Pseudospora-artigen Monadinen gehört. Vergleichen wir ihn nun mit den *Pseudospora*-Arten, so zeigt sich ein wesentlicher Unterschied darin, dass die Schwärmer und Dauersporen nicht, wie bei dieser Gattung, innerhalb einer besonderen Cyste, sondern aus einer membranlosen Plasmamasse, also frei entstehen, worin zugleich ein Moment grösserer Einfachheit liegt. Bei *Gymnococcus* bilden sich die Schwärmer gleichfalls in einer besonderen Cyste, während die Sporen frei entstehen. Der vorliegende Schmarotzer passt also weder in die Gattung *Pseudospora*, noch in die Gattung *Gymnococcus*. Es möge daher für ihn ein besonderes Genus — *Aphelidium* — creïrt werden.

V. Gymnococcus Fockei Zopf.
(Tafel V.)

Es dürfte wohl allen Bacillariaceen-Beobachtern bekannt sein, dass in diesen Algen bisweilen räthselhafte, kugelige oder ellipsoïdische Körper auftreten, welche zu mehreren bis vielen bei einander liegen und mitunter selbst grosse Bacillariaceen-Formen vollständig auszufüllen vermögen.

Schon vor mehreren Decennien wurde von FOCKE[1] die Aufmerksamkeit der Botaniker

---

[1] Physiologische Studien, Bd. II.

auf diese räthselhaften Gebilde hingelenkt durch bildliche Darstellung gewisser Zustände derselben, sowie durch Aufstellung der Ansicht, dass man in jenen Körpern eine besondere Form von Fortpflanzungsorganen der Bacillariaceen zu sehen habe: eine Anschauung, die freilich nicht näher von ihm begründet wurde.

Um die Räthselhaftigkeit fraglicher Gebilde aufzuklären, habe ich vor mehreren Jahren deren morphologisches und biologisches Verhalten zu studiren versucht, und da das Object in einem gewissen verwandtschaftlichen Verhältniss zu stehen scheint zu der im Vorausgehenden behandelten Art, überdies auch vom biologischen Gesichtspunkte aus Erwähnung verdient, so möge hier eine kurze Mittheilung darüber Platz finden.

Ich traf die in Rede stehenden Körper zunächst in einer grossen Synedra an (Fig. 1), wo sie den Raumverhältnissen entsprechend in einer Reihe geordnete farblose Kugeln oder Ellipsoïde bildete. Man sieht diese Körper umlagert von kleinen braunen Körnern. Es sind dies, wie ich später zeigen werde, die Reste der Endochromplatten, welche der Parasit (denn ein solcher liegt vor), bevor er die gerundete Gestalt annahm, aus dem Plasmakörper ausstiess. Auch in einer Pinnularia, welche in derselben Cultur lebte, beobachtete ich jene Kugeln (Fig. 2). Die Wirthszellen enthielten die parasitischen Kugeln gewöhnlich zu mehreren bis vielen (in Fig. 2 liegen 40 beisammen), und zwar waren dieselben im letzteren Falle, der Weite der Wirthszelle entprechend, in mehreren Reihen gelagert.

Auch hier sieht man die Kugeln umgeben von zahlreichen braunen Endochromresten in Körnerform (Fig. 2). Es füllt bei Betrachtung der Fig. 2 sofort auf, dass die Kugeln in Bezug auf Grösse etwas differiren. Noch grössere Kugeln fand ich in anderen Pinnularia-Exemplaren (Fig. 3). Ich hielt sie Anfangs für andere Gebilde, musste mich aber bald bei Beobachtung ihrer weiteren Entwickelung überzeugen, dass es derselbe Parasit sei. In der Cultur kamen noch manche anderen Bacillarien vor, welche mir gleichfalls jene Kugeln zeigten (Fig. 19). Sie waren von letzteren oft ganz vollgepfropft (Fig. 21). Auch hier variirte der Durchmesser der Kugeln vielfach (Fig. 19—21).

Um das weitere Schicksal der Kugeln zu erfahren, stellte ich die in der Pinnularienzelle von Fig. 3 gezeichneten Parasiten ein und fand, dass nach Verlauf von einigen Stunden das vorher keinerlei Differenzirung zeigende Plasma wandständig geworden war und sich in einige wenige Partieen zerklüftet hatte (bei $A\,B\,C$). Die Theilportionen schlüpften sodann aus, sodass die Haut leer zurückblieb (D). Ich hatte also eine Zoocystenform vor mir. Die ausgeschlüpften Zellchen (Fig. 3 a, m, n) schwärmten in der Pinnularienzelle umher. An anderen Pinnullarienzellen gemachte Beobachtungen ergaben das gleiche Resultat; nur blieb dann und wann ein Schwärmer in der Cyste zurück (Fig. 11 ss). Hierauf ging ich zu den Kugeln von *Stauroneïs Phoenicentron* über (Fig. 19. 20) und fand, dass sie ebenfalls zu schwärmerbildenden Zoocysten wurden und die Schwärmer (Fig. 19 m) nach ihren Eigenschaften denen des Pinnularien-Parasiten entsprachen. Sie zeigten nämlich ein bis zwei, im Zustande lebhaften Schwärmens zwei Cilien, eine am vorderen, eine am hinteren Ende, sowie einen deutlichen kleinen, von homogenem Plasma umgebenen Kern. Im Zustande lebhaften Schwärmens ist die Form des Körpers gestreckt, etwa spindelig, in Momenten weniger intensiver Bewegung wechselt die Gestalt mannigfach. Die gestreckten im lebhaften Schwärmen begriffenen Zoosporen messen etwa 9 mikr., die mehr gerundeten Formen in halbträgem Zustande 4—5 mikr. Unter normalen Verhältnissen werden die Schwärmer, nachdem der Schwärmact beendet, amoeboïd, und schlüpfen auf der Grenze der beiden Schalenhälfte der Bacillarien aus (Fig. 4. 6. 7). Es glückte mir, an Schwärmer *a, m* und *n*, die aus Cyste *D* stammten, nachdem sie amoeboïd geworden, das Ausschlüpfen direct zu beobachten.

In Fig. 4—7 ist dasselbe dargestellt. Zunächst schlüpfte Schwärmer *a* aus (Fig. 4), dann folgte Schwärmer *m* (Fig. 5), dann Schwärmer *n* (Fig. 6 und 7). Man sieht die Pseudopodienentwickelung des Schwärmers *a* bei *a', a'', a'''* und *a''''* dargestellt.

Die Amoeben schwimmen im Wasser umher zu anderen noch endochrom-haltigen Bacillariaceen hin und dringen wieder in solche ein. Es ist mit Wahrscheinlichkeit anzunehmen, dass sie nicht die Kieselmembran durchbohren, sondern auf der Grenze der beiden Schalenhälften eindringen, also da, wo, wie wir sahen, auch das Ausschlüpfen erfolgt.

Die eingetretene Infection und die Anwesenheit des jungen Parasiten in der Bacillarie machte sich in den von mir beobachteten zahlreichen Fällen in einer eigenthümlichen Erscheinung bemerkbar, nämlich darin, dass sich in der unmittelbaren Umgebung des Kernes feinkörniges Plasma ansammelte und rundliche Blasen mit traubenförmiger Anordnung bildete. Ich beobachtete diese Erscheinung zunächst bei den Pinnularien (Fig. 8) und fand sie später noch schöner bei *Stauroneïs Phoenicentron* vor (Fig. 12. 13).

Des Weiteren macht der Parasit seine Angriffskraft darin geltend, dass er die Endochrom-Platte stark verändert, indem er sie zusammenzieht, ihnen hierbei unregelmässige Gestalt verleiht, sie schliesslich förmlich zusammenklumpt und in ein schmutziges Gelbbraun verfärbt (Fig. 9. 10. 14—18). Durch diese Endochrom-Massen wird die Structur der Amoeben gänzlich verdeckt. Es scheint ein und dieselbe Bacillarie von mehreren Parasiten befallen werden zu können. Oft erlangen die Amoeben ziemlich beträchtliche Dimensionen (Fig. 14—16). Ob die grössten dieser Zustände durch Verschmelzung von zwei oder mehreren kleineren Amoeben zu Staude kommen, konnte nicht mit Sicherheit nachgewiesen werden. Nachdem das Endochrom in relativ kleine Portionen zusammengeballt ist (Fig. 16. 17), wird es verdaut. Von jeder dieser Portion bleibt ein kleiner dunkelbrauner Rest übrig, der aus dem Plasmakörper der Amoebe ausgestossen wird, entweder noch während der Zeit, wo sie noch Pseudopodien treibt (Fig. 18), oder nach Einziehung derselben.

Das sich völlig zur Kugel oder zum Ellipsoïd abrundende Plasma erscheint schliesslich ganz jugestafrei und von den körnigen Nahrungsresten umlagert (Fig. 2. 3. 20) und umgiebt sich mit Membran, um nun entweder zur Zoocyste oder zur Dauerspore zu werden.

Meine Bemühungen, diesen letzteren Entwickelungszustand ausfindig zu machen, scheiterten zunächst. Monate lange Culturen von Charlottenburger Material ergab nur immer wieder in Zoocysten fructificirende Individuen. Auch die wiederholte Untersuchung von unmittelbar aus dem Freien entnommenen Material führte zu negativem Erfolg; selbst den Winter hindurch und sogar unter der Eisdecke wurden nur zoocystenhaltige Bacillarien gefunden. Erst in diesem Frühjahr glückte es mir, in Pommerschen Moorsümpfen neben der Zoocystenform Dauersporen aufzufinden.

Sie entstehen, wie die Zoocysten aus der mit Endochrom beladenen Amoebe dadurch, dass diese sich zu einem rundlichen Körper contrahirt unter gleichzeitiger Abscheidung unverdaulicher Nahrungs-(Endochrom)-Reste in Form brauner Körner (Fig. 22. 24). Jener

5*

rundliche Plasmakörper wird nun unmittelbar zur Dauerspore. Letztere entsteht also nicht innerhalb einer besonderen Cyste, wie bei den Pseudospora-Arten, sondern wie bei *Gymnococcus perniciosus* [1] nackt.

Die Sporen sind, wie die Zoocysten, relativ klein; die von mir gefundenen massen 7—10,5 mikr. Ihre Membran ist farblos, derb und eckig (Fig. 22. 24). Im Inhalt findet sich schliesslich Reserveplasma in einem grossen Tropfen aufgespeichert. Sie treten in grösseren Bacillarien gewöhnlich zu mehreren auf, bisweilen vergesellschaftet mit den Zoocysten. Die Auskeimung zu beobachten ist bisher nicht gelungen.

Wie zum Theil schon angeführt, befällt *Gymnococcus Fockei* die allerverschiedensten Bacillariaceen, vorzugsweise grössere Formen, wie Pinnularien, Cocconemen, Surirellen, Stauroneïs Phoenicentron, Synedren, Gomphonemen etc. Der Parasit scheint nicht gerade selten zu sein. FOCKE fand ihn in Bremen, ich selbst beobachtete Gymnococcus-Epidemien bei Berlin (Gräben im Charlottenburger Schlossgarten, wo er alljährlich auftritt und bei Speck in Pommern in Moorsümpfen. Er decimirte an genannten Localitäten die reichlich vorhandenen Bacillarien in ganz erheblicher Weise. Da er Chlorophyll, Plasma und Kerne der Bacillarien-Zellen vollständig aufzehrt, ist seine Wirkung stets eine absolut-tödtliche. Als Verbündete bei diesem Vernichtungsprocess fungiren bisweilen 1) die bereits früher [1] besprochene *Pseudospora Bacillariacearum*, 2) die in meiner *Phycomyceten*-Arbeit behandelte *Olpidice: Ectrogella Bacillariacearum*, 3) *Rhizidium fusiforme* Zopf (daselbst beschrieben), 4) andere *Rhizidien*-Arten, 5) ein *Lagenidium*, 6) *Leptophrys vorax* Cienk.

Auch aus dem biologischen Verhalten dürfte besonders hervorgehen, dass die oben erwähnte FOCKE'sche Ansicht, wonach hier ein Entwickelungsglied der Bacillariaceen selbst vorliege, sich als unhaltbar erweist.

Nicht unter allen Umständen macht der Parasit den normalen Entwickelungsgang durch, der von dem Schwärmerzustand zur entwickelten Amoebe und von hier zur Bildung von Zoooysten oder Dauersporen führt: bei schlechten Ernährungsverhältnissen nämlich oder bei gänzlichem Nahrungsmangel erfährt jener Entwickelungsgang grosse Vereinfachung.

In Fig. 19 sieht man ein Exemplar von *Stauroneïs Phoenicentron* dargestellt, welches zwölf aus den Zoocysten *s* stammende Schwärmer enthält, die der Mehrzahl nach lebhaft hin- und herjagen, zum Theil bereits amoeboïd sind; die Wirthszelle ist ihres Inhalts vollständig (oder doch bis auf einige kleine Körnchen) beraubt; in den braunen Körnern, die überall verstreut liegen, treten uns die bekannten unverdaulichen Endochromreste entgegen.

Dieses Präparat wurde nun 24 Stunden unter Deckglas in der feuchten Kammer gehalten. Nach Ablauf dieser Frist waren sämmtliche Schwärmer zu Kugeln umgewandelt, die sich mit zarter Membran umhüllt hatten (Fig. 20). Sie stellen vorübergehende Ruhezustände dar und können in Anbetracht ihrer Kleinheit als Mikrocysten bezeichnet werden. Sie entstehen also dadurch, dass die Schwärmer ohne Nahrungsaufnahme in den Ruhezustand übergehen. Es ist wohl möglich bei der Art der angewandten Cultur (Deckglascultur), dass neben dem Nahrungsmangel auch der bis zu einem gewissen Grade eintretende

---

[1] Vgl. meine Pilzthiere p. 126.

Sauerstoffmangel als Ursache dieser Cystenbildung betheiligt ist. Man kann jedoch die nämlichen Bildungen auch in frisch aus der Natur geholten Bacillarien finden. So habe ich in Fig. 21 eine frische *Stauroneis Phoenicentrum* dargestellt, welche mit solchen Mikrocysten fast völlig vollgestopft ist. Auch sie hatten sich infolge gänzlichen Nahrungsmangels gebildet, denn der Inhalt der Wirthszelle war bereits durch früher auftretende Individuen des Schmarotzers, von denen man noch die leeren Cysten (*s*) sieht, aufgezehrt worden.

Von den gewöhnlichen Zoocysten unterscheiden sich die Mikrocysten durch ihre Kleinheit und durch den Umstand, dass ihr Inhalt nur je ein Schwärmer bildet; von den Dauersporen ausser den genannten Eigenschaften noch durch die Zartheit der Membran und den Mangel an Reserveplasma. Bezüglich ihrer Grösse lassen die Mikrocysten meistens nur geringe Variation erkennen.

Erklärung der Abbildungen.

Tafel I.

Fig. 1—17. Leptophrys vorax (Cienk).

(Fig. 1—5 350 fach; Fig. 6 250 fach; Fig. 7—16 350 fach; Fig. 17 700 fach.)

Fig. 1. Eine Amoebe (*A.*), die soeben der daneben liegenden, mit gelbbräunlichen Nahrungs-resten versehenen leeren Cystenhaut (*B.*) entschlüpft ist. Während ihr hinteres Ende noch schmal und spitz erscheint, ist ihr vorderes bereits fächerförmig ausgebreitet. In die hya-line Grundsubstanz, die sich bei *II* zu einem breiten, flachen Saume ausgebreitet hat und zahl-reiche Pseudospodien entsendet, ist körniges Plasma eingebettet. Die Körnchen sind so um die schwach hervortretenden zahlreichen Paramylumkörner gelagert, dass sie eine maschen-artige Gruppirung zeigen.

Fig. 2. Dasselbe Object, wenige Minuten später. Charakter des Plasmas im Wesentlichen der-selbe, wie bei Fig. 1.

Fig. 3. Eine Amoebe, die eben der (bei *h* nur angedeuteten) Cystenhaut zu entschlüpfen im Be-griffe steht, mit wässrigem Haematoxylin lebend gefärbt. Die Kerne treten als schön blaue rundliche Körper sehr scharf hervor. Sie sind bei diesem kleinen Individuum nur zu zwölf vorhanden. Bei *p* Paramylumkörner; die übrigen minder deutlich hervortretend, aber durch die Lagerung der Plasmakörnchen hier und da angedeutet.

Fig. 4. Ein ziemlich grosses Amoeben-Exemplar von unregelmässig gelapptem Umriss, das flach ausgebreitet ist; daher die Paramylum-Körner fast überall deutlich. Es hat einen Oedo-gonium-Faden *o* in den Plasmakörper aufgenommen, um ihn im nächsten Moment au der Biegungsstelle in zwei Stücke zu zerknicken. Bei *sp* Stück eines Spirogyrenfadens, auf welchem ein Lappen sich mit seinen Pseudopodien ausbreitet.

Fig. 5. Ein kleines Individuum von unregelmässig lappiger Form, welches eine ziemlich grosse mit Stacheln versehene Räderthier-Cyste mit sich schleppt und eben zwei Desmidien in seinen Plasmakörper hineinzieht.

Fig. 6. Eine kleine Amoebe, welche eine Bacillarie (Synedra) aufgenommen. Im Plasmakörper die zahlreichen Paramylumkörner durch die Lagerung der Plasmakörnchen angedeutet.

Fig. 7. Dasselbe Object, wie Fig. 1 und 2, aber eine halbe Stunde später, als Fig. 2. Die Amoebe hat sich an der Kreuzungsstelle zweier Oedogonienfäden festgesetzt und zieht eben zwei kleine grüne Algenzellen in den Körper hinein.

Fig. 8. Dasselbe Object eine Stunde später. Es hat seine Pseudopodien eingezogen, seinen Körper abgerundet und wie es scheint, auch bereits eine Membran abgeschieden, ist also in das Cystenstadium eingetreten. Die Paramylumkörner treten jetzt etwas schärfer hervor. Die grünen Algenzellen sind schon halb verdaut.

Fig. 9. Eine ziemlich grosse gestreckte Cyste, in deren Inhalt man drei lange Fragmente von Oedogonieufäden und eine kleine rothe Vampyrellencyste *v* sieht. Der weitlumige Oedo-gonienfaden zeigt ein grosses bauchiges Oogon *o*. Infolge der Verdauung ist der Chlorophyll-

— 39 —

inhalt in allen Zellen bereits deutlich contrahirt, aber noch nicht verfärbt. Im plasmatischen Wandbelag der Cyste sieht man zahlreiche Paramylumkörner *p*. Die netzförmige Anordnung der Plasmakörnchen, wie sie in dem flachen Amoebenkörper hervortritt, fehlt hier natürlich.

Fig. 10. Eine Cyste mit einer grossen Diatomee (*Cymbella*) als Einschluss. Die Eudochromplatten derselben sind infolge der Verdauung nur noch in einem dunkel rothbraunen straugförmigen Reste vorhanden. Im Wandbelag der Cyste sind die Paramylumkörner verdeckt.

Fig. 11. Eine sehr grosse Cyste, welche zwei grosse Cymbellen einschliesst, deren Eudochromplatten gleichfalls in rothbraune Stränge nebst einigen braunen Tröpfchen verwandelt erscheinen. Die Form der Cyste hat sich dem Inhalte accommodirt.

Fig. 12. Grosse Cyste mit sehr zahlreichen Paramylumkörnern. Im Innern Reste von Oedogonien-Fadenstücken. Membran und Inhalt derselben sind stark verändert, erstere fast völlig aufgelöst, letztere gleichfalls fast völlig zerstört bis auf bräunliche Restchen.

Fig. 13. Amoebipare Cyste. An vier verschiedenen Punkten schlüpfen vier Amoeben *a b c d* aus: *a* und *b* sah ich verschmelzen zum Plasmodium.

Fig. 14. Cyste mit einer grossen an zwei Stellen austretenden und dabei in Theilung begriffenen Amoebe; jede Hälfte legt sich einem benachbarten Oedogoniumfaden *o* an.

Fig. 15. Entleerte Cystenhaut; im Innern die Häute von Oedogoniumzellen, deren Chlorophyll-Inhalt in schmutzig-braune Massen verwandelt ist.

Fig. 16. Eine entleerte Cystenhaut. Die Amoeben haben, wie das bei *Leptophrys vorax* häufig vorkommt, beim Austritt durch die feine Oeffnung die grösseren Paramylumkörner *p* zurücklassen müssen (*p*). Sie sehen wie kugelige parasitische Zellen aus und täuschen daher den Uneingeweihten leicht.

Fig. 17. Paramylumkörner bei *a* und *b* gross, geschichtet; bei *c* klein.

Tafel II.

Fig. 1—16.   Vampyrella pendula Cienk.

(Fig. 1 ca. 600 fach; Fig. 2. 750 fach; Fig. 3—16 ca. 600 fach.)

Fig. 1. Eine eben der Zoocyste entschlüpfte Amoebe, die noch wenig Nahrung aufgenommen und infolge dessen den Kern *k* und die pulsirende Vacuole *vc* in voller Klarheit zeigt.

Fig. 2. Kern desselben Individuums in verschiedenen Stadien amoeboïder Veränderung.

Fig. 3. Eine Amoebe mit rothen feinkörnigen Chlorophyllresten, die so vertheilt sind, dass man den Kern *k* und die drei Vacuolen deutlich bemerkt.

Fig. 4. Eine Amoebe, deren Körper mit rothbraunen Chlorophyllresten, Stärkekörnern und kleinen Körnchen so dicht durchsetzt ist, dass sie nur die Vacuole (*vc*), nicht aber den Kern erkennen lässt.

Fig. 5. Dasselbe Object, nachdem es sich flacher ausgebreitet. Der Kern *k* erscheint jetzt deutlicher, weil die ihn umgebende Region körnchenfrei geworden ist.

Fig. 6. Dasselbe Object ein wenig später. Es hat sich jetzt noch flacher ausgebreitet, dergestalt, dass der Kern *k* mit seinem Hof von körnchenfreiem Plasma jetzt sehr klar hervortritt. Bei *vc* die vergrösserte Vacuole.

Fig. 7. Dasselbe Object in abgetödtetem Zustande (nach Färbung mit Haematoxylin-Alaun). Der Kern tritt als dunkelblauer scharf contourirter Körper hervor. Peripherisch ist am Plasmakörper eine Art von Membran gebildet.

Fig. 8. Ein Fadenstück von *Bulbochaete minor A. Br.* An der einen entleerten Zelle sitzt eine Amoebe *a*, die den grünen stärkereichen Inhalt der Bulbochaeten-Zelle in ihren Körper aufgenommen und sich bereits abgerundet hat, um Cystenbildung einzugehen. Der Kern im Innern ist durch die Chlorophyll- und Stärkemassen vollständig verdeckt.

Fig. 9. Junge Sporocyste einer Oedogonienzelle aufsitzend. Der Inhalt hat sich innerhalb der primären Cystenhaut *p* contrahirt, um die secundäre Cystenhaut *s* abzuscheiden. Die aufgenommenen Chlorophyllmassen und Stärkekörner sind nur erst zum Theil angegriffen. Bei *p* sieht man die beim Eintreten der Fructification erstarrten verzweigten Pseudopodien!

Fig. 10. Eine farblose chlorophyllose Cyste, welche nur Stärke enthält. Die Stärkekörner sind günstigerweise so gelagert, dass der Kern als ellipsoidisches Körperchen klar hervortritt. Bei schliesslich angewandter Haematoxylinfärbung war er noch deutlicher zu sehen.

Fig. 11. Eine Zoocyste, welche einen rothbraunen Chlorophyllballen in ihrem Plasma zeigt, das dichtkörnige Plasma verdeckt den Kern vollständig.

Fig. 12—14. Bildung der Spore *p* in der Sporocyste. In Fig. 12 hat sich das mit rothen kugeligen Körpern durchsetzte Plasma oben zu einer halbmondförmigen Masse contrahirt und den Ballen verdauten Chlorophylls (*o*) zur Seite geschoben. In Fig. 13 rundet sich das Plasma (*p*) bereits ab, und in Fig. 14 ist die Abrundung fast vollständig, so dass demnächst die Plasmamasse sich mit derber Haut umhüllen und zur Spore werden wird.

Fig. 15. Sporocyste mit fertiger feinstacheliger Dauerspore. *p*-primäre, *s* secundäre Cystenhaut, letztere mit feiner Stachelsculptur.

Fig. 16. Grösseres Exemplar einer Sporocyste. *p* primäre, *s* secundäre Cystenhaut, *a* Amylumkörner, die bei der Sporenbildung ausgestossen wurden.

Fig. 17—23. Vampyrella Spirogyrae Cienk.

Fig. 17. 350/1 Zoocyste; *pr* primäre, *s* secundäre Haut.

Fig. 18. 350/1 Zoocyste mit stachelig configurirter primärer *pr* und glatter secundärer Haut *s*, einer entleerten Spirogyrazelle angeheftet.

Fig. 19. 350/1 Zoocyste mit nur einer Haut. Ihr Inhalt ist getheilt in drei Amoeben, von denen eine im Ausschlüpfen begriffen.

Fig. 20. 350/1 Eine Zoocyste, aus der die Amoebe *A* bereits ausgeschlüpft, *B* im Ausschlüpfen begriffen ist. Ihr Inhalt ist so stark mit rothbraunem Chlorophyllfarbstoff tingirt und so reich mit Körnchen durchsetzt, dass Kern und Vacuole verdeckt sind. *p* die ausgestossenen ballenförmigen Chlorophyllreste.

Fig. 21. 540/1 Stück eines Spirogyrenfadens. Die mittlere Zelle zeigt noch ihr spirаliges Chlorophyllband, die beiden anderen Zellen sind entleert durch die in die Sporocysten-Zustand eingetretenen Vampyrellen *A* und *B*. Die Sporocyste bei *A* zeigt eine primäre *pr*, und eine secundäre Haut *s*; *sp* die Dauerspore. Die Sporocyste *B* lässt vier Häute, eine primäre zarte *pr*, eine secundäre derbe *s*, eine zarte tertiäre, stachelige configurirte *t* und eine quartäre, derbe glatte *q* erkennen; *sp* die Dauerspore.

Fig. 22. 540/1 Eine Sporocyste, *s* die Cystenhaut, *sp* die gesprengte mit Würzchensculptur versehene Haut der Dauerspore.

Fig. 23. 540/1 Stück eines Spirogyrenfadens, aus zwei Zellen bestehend, deren Chlorophyllbänder bereits deformirt sind. Jeder Zelle sitzt eine Amoebe an. Die bei *A* hat noch wenig Chlorophyll und Stärke aufgenommen und lässt infolge dessen den amoeboïden Kern *k* und die Vacuole *v* klar erkennen, die andere *B* hat schon grössere Mengen von Chlorophyll und Stärke aufgenommen, sodass Kern und Vacuole nicht mehr wahrzunehmen sind.

Fig. 24—31. Vampyrella variabilis Klein.

(Fig. 24—31 ca. 600 fach.)

Fig. 24. Stück eines Oedogoniumfadens mit einer kleinen keilförmigen Cyste. Das aufgenommene Chlorophyll noch nicht verdaut.

Fig. 25. Ein Oedogonienfaden mit drei Zoocysten *a b* und *o*. Bei *a* und *b* ist das Chlorophyll bereits verdaut und in kleine gelbbräunliche rundliche Massen zusammengeballt. Der Inhalt von *b* hat sich in zwei Amoeben getheilt, die im nächsten Moment ausschlüpfen werden. *c* ist bereits entleert.

Fig. 26. Eine Zoocyste mit Haematoxylin-Alaun behandelt (Lebendfärbung). Man sieht deutlich drei dunkle von einem hellen Hof umgebene, durch das Haematoxylin schön blau geworbene Körperchen, die Kerne *k*, deren Zahl den drei Amoeben entspricht, in die der Inhalt der Cyste schliesslich zerfallen wird. Bei *v* sind zwei pulsirende Vacuolen zu sehen. Das Object ist in sofern günstig, als Chlorophyll nur in geringen feinkörnigen Massen vorhanden ist, die die Structur des Inhalts nicht wesentlich verdecken.

Fig. 27. Oedogoniumzelle mit drei Zoocysten. In ihnen hat sich der Inhalt, bereits in Amoeben getheilt. Chlorophyllreste in *A* zusammengeballt braun, in *B* und *C* noch nicht zusammengeballt und noch gelb. Kern und Vacuolen sind in den Amoeben völlig verdeckt.

Fig. 28. Dieselbe Zoocyste, wie in Fig. 27 *A*, etwas später. Die eine Amoebe ist eben im Austreten begriffen und breitet sich aus, sodass Kern (*k*) und Vacuole (*v*) jetzt nicht mehr verdeckt werden.

Fig. 29 und 30. Dieselbe Amoebe einige Minuten später, noch flacher ausgebreitet, Kern und Vacuole sehr deutlich, ersterer deutlich amoeboïde Gestaltveränderungen zeigend.

Fig. 31. Dasselbe Object zwei Stunden später. Der Körper hat sich zusammengezogen. Durch den körnigen Inhalt ist jetzt Kern und Vacuole gänzlich verdeckt.

Tafel III.

Fig. 1—28. Diplophysalis stagnalis Zopf.

(Fig. 1—28 540/1 vergr.)

Fig. 1. Formveränderungen an einem und demselben Schwärmer (*a—e*) und Theilungszustände desselben (*f—k*).

Fig. 2. *a—e* Theilungszustände eines und desselben Schwärmers innerhalb 20 Minuten.

Fig. 3. *a b* Schwärmer mit verschiedener Cilien-Insertion.

Fig. 4—7. Aus Schwärmern hervorgegangene Amoeben, 24 Stunden alt. Die bei 7 hat bereits kleine Stärkekörner aufgenommen.

Fig. 8—12. Aehnliche Zustände, welche schon mehr Nahrung zu sich genommen haben.

Fig. 13. Ein weiter entwickelter Amoebenzustand mit Stärkekörnern und bräunlichen Chlorophyllresten versehen.

Fig. 14. Kleine Amoebe *A* mit ihren Pseudopodien Nitella-Chlorophyllkörper heranziehend.

Fig. 15. Eine grössere Amoebe, welche ihre Pseudopodien zu 26 Chlorophyllkörnern der Nitella hinspinnt und bereits einige andere in ihren Plasmakörper hineingezogen hat.

Fig. 16. Eine grössere Amoebe *A*, welche eine ziemlich beträchtliche Anzahl von Chlorophyllkörner aufgenommen hat und eben das letzte Korn in ihr Plasma hineinzieht.

Fig. 17. Eine grosse Amoebe, die ihre Pseudopodien fast sämmtlich eingezogen hat und in der Abrundung ihres Contours begriffen ist. Im Innern der Ballen aufgenommener Chlorophyllkörner.

Fig. 18. Eben erst gebildete Zoocyste, in welcher die Sonderung des Inhalts sich noch nicht vollzogen hat. Die dunkel contourirten Körper sind Stärke.

Fig. 19. Ein etwas entwickelterer Zustand. Das Plasma hat sich zu einem dicken Wandbelag (*a*) zusammen gezogen und dadurch die unverdauten Nahrungsreste zu einem rundlichen Ballen (*b*) zusammengedrängt.

Fig. 20. Reife Zoocyste Wandbelag in bereits mit Cilien versehene zum Ausschlüpfen bereite Schwärmer zerfallen.

Fig. 21. Aehnliches Stadium. Der Wandbelag nur einen kleinen Theil der Zelle einnehmend, bereits in reife Schwärmer zerfallen, *b* Nahrungsreste.

Fig. 22. Aehnliches Stadium. Die rundliche Plasmamasse iu Schwärmer zerklüftet, die ihre Cilie lebhaft bewegen.

Fig. 23. Entleertes Sporangium; in seinem Innern die Nahrungsreste, orangefarbenes Chlorophyll und grosse Stärkekörner. Durch die zarte Sporangienmembran schlüpft soeben der letzte Schwärmer (*a*) aus.

Fig. 24 *A.* Zur Dauersporenbildung bestimmte Cyste. Hier ist die Sonderung in Plasma *C* und Nahrungsballen *B* vollendet. Die Plasmamasse hat sich unregelmässig contrahirt, sodass ihr Contour nicht abgerundet, sondern mit Einhuchtungen versehen ist. *K* Kern der noch vorhandenen Plasmamasse.

Fig. 24 *B.* Dasselbe Object nach dreitägiger Cultur. Die Peripherie des Plasmas ist zu einer bereits schwach gebräunten Membran erstarrt und mit deutlich doppeltem Contour versehen. Innerhalb dieser Membran beginnt der mit dem Kern *K* und grossen glänzenden Fetttropfen versehene plasmatische Inhalt sich zur Dauerspore zu contrahiren.

Fig. 25. Die zur Dauerspore bestimmte Plasmamasse *s p* bereits ganz abgerundet, mit zarter Membran versehen, Kern und grosse Fetttropfen zeigend.-

Fig. 26. Die Dauerspore (*D*) ist fertig. Sie liegt hier seitlich in der morgensternförmigen Mutterzelle *O.*

Fig. 27. Sporocyste im optischen Durchschnitt; *p r* primäre, *s* secundäre Cystenhaut; innerhalb letzterer die Spore *s p*, zwischen *p r* und *s* Stärkereste.

Fig. 28. Stück eines Nitellenschlauches mit Amoeben *a*, Zoocysten *b* und Sporocysten *c*; dazwischen Stärkekörner.

Fig. 29—35. Diplophysalis Nitellarum (Cienk.).

Fig. 29 *a.* 540/1 Dauersporenbildendes Individuum; *p* die zarte primäre Cyste, *s* derbe secundäre Cyste, schwach gebräunt. Innerhalb derselben die Dauerspore. Zwischen primärer und secundärer Cyste liegt der sepiabraune Nahrungsballen.

Fig. 29 *b.* 350/1 Dauersporenbildendes Individuum, aus einer stärkereiche Nitellen-Zelle (*N. flexilis*). Bezeichnung wie früher. Die Ingestamassen sind fast ausschliesslich Stärke, mit nur wenigen hräunlichen Chlorophyllresten untermischt. Die primäre Cyste ist hier dicker, als die secundäre.

Fig. 30—35. 540/1 Keimungsphasen der Dauersporen; 30. Im Inhalt der Dauerspore hat sich der ursprünglich einheitliche centrale, den Kern verdeckende Körper von Reserveplasma in Tropfen aufgelöst. Der doppelte Contour der Sporenmembran ist verschwunden;.31. Der Sporeninhalt ist gleichmässig körnig, die Membran sehr zart geworden; 32 (im optischen Durchschnitt). Infolge des Auftretens einer grossen centralen Vacuole *v* hat die Sporenzelle an Volumen zugenommen, sodass ihre Haut sich fast überall der secundären Cyste eng anschliesst. Ausserdem hat infolge der Vacuolenbildung das Plasma wandständige Lagerung angenommen; 33 (im optischen Durchschnitt). Das peripherische Plasma hat sich in Schwärmer zerklüftet; von der ursprünglichen Sporenmembran ist kaum noch eine Andeutung vorhanden; 34 und 35. Zu Schwärmern ausgekeimte Sporen von oben gesehen; bei 35 ist die ursprüngliche Membran der Spore noch ganz erhalten.

Fig. 36—48. Protomonas amyli (Cienk.).

(Fig. 36—48 600 fach.)

Fig. 36. Zelle aus einer von der Protomonas befallenen Kartoffelknolle, mit dicker, gequollener Membran versehen. Im Innern sieht man acht Zoocysten des Schmarotzers von verschiedener Gestalt und verschiedener Grösse, welche ein bis mehrere Stärkekörner einschliessen. Die mit *b* und *c* bezeichneten Zoocysten haben ihre Schwärmer bereits entlassen, die bei *a* befindlichen dagegen sind noch mit wandständigem, noch nicht in Schwärmer zerklüfteten Plasmainhalt versehen. Bei *s* isolirte Stärkekörner.

— 43 —

Fig. 37. Zoocyste im optischen Durchschnitt. Im Innern ein grosses, etwas corrodirtes Stärkekorn. Peripherisch der (mesniskenartige) Wandbelag, der bereits in Schwärmer zerklüftet erscheint, die sich im nächsten Moment in der Zoocystenhaut umhertummeln werden.

Fig. 38. *a* Ein Schwärmer mit bipolarer Cyste, der ein kleines Stärkekoru aufgenommen, Kern nicht sichtbar. *b* Ein etwas älterer mit zwei Cilien an dem einen Pole und zwei kleineu Stärkekörnchen im Inhalt. Der Kern ist schwach angedeutet.

Fig. 39—42. Continuirliche Beobachtungsreihe an einer Amoebe, die unter Deckglas gehalten ward, gemacht.

Fig. 39. Die Amoebe, soeben unter Deckglas gebracht, besitzt vier Stärkekörnchen von verschiedener Grösse. Durch diese und durch kleinere Körnchen ist der Kern vollstäudig verdeckt. — Um 11 Uhr.

Fig. 40. Dieselbe Amoebe um 12 Uhr. Die Pseudopodien sind eingezogen und der Plasmakörper zeigt gerundete Form. Infolge der Sauerstoffentziehung aber sind auch die Stärkekörner *a* und *b* bereits ausgestossen und jetzt liegt der Kern ganz deutlich da als rundliches, von einem Hyaloplasmahofe umgebenes Körperchen (*k*).

Fig. 41. Dasselbe Object um 2¼ Uhr. Alle vier Stärkekörnchen (*a b c d*) sind nach einander aus dem Plasma ausgestossen. Der Körper der Amoebe erscheint infolge dessen in seinem Volumen reducirt und mit deutlichem Kern versehen.

Fig. 42. Dasselbe Object am andern Morgen 9 Uhr. Der Körper hat sich ganz zusammengezogen, sodass die Körnchen den Kern wiederum völlig verdecken. Wahrscheiulich ist das Object infolge des Sauerstoffmangels bereits abgestorben.

Fig. 43—45. Continuirliche Beobachtungsreihe. Die Amoebe der Fig. 43, eben unter Deckglas gebracht, ist scheinbar kernlos, denn der Nucleus wird verdeckt durch die Stärkekörner und kleinere stark lichtbrecheude Körnchen.

Fig. 44. Dieselbe Amoebe nach einviertelstündigem Liegen unter Deckglas (einviertelstündiger Wirkung von Sauerstoff-Entziehung). Dieselbe hat sich ausgebreitet und der Kern *k* liegt jetzt klar da, umgeben von hellem Hofe.

Fig. 45. Dasselbe Object nach 3¼ stündiger Einwirkung. Die Amoebe ist nicht mehr beweglich, der Kern ganz deutlich (bei *k*). In Fig. 43—45 bedeutet *v* die Vacuole.

Fig. 46. Amoebe mit einem mittelgrossen Stärkekorn und deutlichem Kern.

Fig. 47. Eine Amoebe mit zwei Stärkekörnern, die den Kern verdecken.

Fig. 48. Reife, schwach bräunliche Sporocyste. Die Cystenwand zeigt nach innen vorspringende Höcker; *sp* Spore.

Tafel IV.

Fig. 1—17. Aphelidium deformans Zopf.

(Fig. 1—5 350 fach; Fig. 6 600 fach; Fig. 7—17 350 fach.)

Fig. 1. Stück eines Thalluszweiges von *Coleochaete soluta*, dessen Endzelle befallen ist von einem jungen Parasiten in Amoebenform *a*. Infolge seiner Einwirkung hat die Zelle bereits schwache Hypertrophie erfahren, durch die sie etwas mehr als das Doppelte des ursprünglichen Volumens erlangt hat; überdies hat sich das Chlorophyll an mehreren Stellen zusammengeballt. Wie die rothbraunen Reste zeigen, ist ein kleiner Theil des Chlorophylls bereits verdaut.

Fig. 2 *a*. Stück eines Thallus mit einer stark und einseitig hypertrophirten Zelle. Die Membran zeigt stellenweis ziemlich starke Verdickung. Der Parasit hat das zusammengeballte Chlorophyll nur erst theilweis verdaut.

Fig. 2 *b*. Dieselbe Zelle 24 Stunden später; die Chlorophyllballen sind sämmtlich verdaut.

Fig. 3. Aus fünf Zellen bestehendes Thallusstück. Drei derselben (*a b c*) sind von je einem

6*

Parasiten bewohnt und ausgefüllt, der bereits den Inhalt fast oder ganz vollständig aufgezehrt und daher volle Grösse erreicht hat. Die unverdaulichen Chlorophyllreste erscheinen in Form von verschieden grossen rothgelben Klümpchen. Von den drei Zellen erscheinen *a* und *b* schwächer, *c* stärker hypertrophirt.

Fig. 4. Thallusstück mit zwei Gallen. Die eine (*A*) ist noch sehr jung und klein; ihr Parasit liegt bei *a*. Die andere (*B*) ist ausgebildet, von ziemlichem Umfange und ·ganz vom Parasiten ausgefüllt. In seinem Inhalt sieht man mehrere Chlorophyllreste in Form rothbrauner Klümpchen, zum Theil von Vacuolen umschlossen. Die Membran trägt an einer Stelle eine kleine Falte.

Fig. 5. Thallusstück mit einer Galle. Das Plasma bereits in zahlreiche winzige Schwärmer umgebildet.

Fig. 6. Zwei Gallen mit zahlreichen nur zum Theil ausgeführten Schwärmern. Die Membranen besitzen je eine Faltung (*f*).

Fig. 7. Thallusstück mit einer ziemlich grossen und eigenthümlich gestalteten Galle, welche dadurch entstanden ist, dass die ursprüngliche Coleochaeten-Zelle nach zwei Seiten (*n* und *b*) hin auswuchs. Der Inhalt bereits entleert.

Fig. 8. Thallusstück mit einer entleerten, ziemlich grossen herzförmigen Galle.

Fig. 9—17. Sporenbildung.

Fig. 9. Thallusstück mit einer keilförmigen Galle, deren Parasitenplasma sich bereits von der Wandung zurückgezogen hat, um zur Sporenbildung überzugehen.

Fig. 10. Thallusstück mit einer Galle, in die eine ellipsoïdische Spore ausgebildet ist. Die Gallenmembran zeigt zwei schwache Faltungen.

Fig. 11. Galle mit faltiger Membran und reifer Spore. Ihr Reserveplasma ist den Polen angelagert.

Fig. 12. Galle mit gefalteter Membran und reifer nierenförmiger Spore. Reserveplasma in Form zwei grosser in den Brennpunkten liegender Körper. (Ganz normaler Inhalt?)

Fig. 13—15. Unregelmässige Gallen mit kugeliger resp. ellipsoïdischer Spore. In der Spore von 15 ein kleiner Parasit (*p*).

Fig. 16. Ellipsoïdische Galle mit ellipsoïdischer Spore.

Fig. 17. Thallusstück mit drei Gallen, welche keine auffälligen Dimensionen erlangt haben. Zwei derselben führen Sporen des Aphelidium *s*, die dritte (*a*) enthielt Schwärmer und ist jetzt entleert.

Tafel V.

Fig. 1—24. Gymnococcus Fockei Zopf.

(Fig. 1—21 540fach; Fig. 22—24 700fach.)

Fig. 1. Eine Synedra mit sieben jungen Zoocysten. Rings um dieselben liegen braune Körner, welche als unverdauliche Reste der Endochromplatten bei der Cystenbildung aus dem Plasma ausgestossen wurden.

Fig. 2. Eine Pinnularia von der Gürtelbandseite gesehen mit 40 noch nicht reifen Zoocysten, die dicht zusammengelagert sind. Zwischen ihnen die körnerförmigen Endochromreste.

Fig. 3.· Pinnularia von der Gürtelbandseite gesehen mit vier in Vergleich zu Fig. 1 und 2 ziemlich grossen Zoocysten. Der Inhalt von *A B C* ist bereits in Schwärmer zerklüftet. Bei *D* liegt eine leere Cyste. *a m n* sind aus dieser Cyste stammende Schwärmer.

Fig. 4—7. Endstück derselben Pinnularia. Successive Ausschlüpfen der Schwärmer *a, m* und *n; a', a'', a''', a''''* sind successive amoeboïde Zustände des ursprünglichen Schwärmers *a*.

Fig. 8. Eine Pinnularienzelle von der Schalenseite (die Leistensculptur ist absichtlich weggelassen). In der Nähe des (verdeckten) Kernes hat sich ein junger Parasit angesiedelt, welcher eine Ansammlung körnigen Plasmas um den Kern verursacht hat in Form von traubig angeordneten Blasen. Die stark lichtbrechenden rundlichen Körper sind Fettmassen.

Fig. 9. Pinnularienzelle, gleichfalls von der Schalenseite gesehen. Sie ist ebenfalls bereits von dem Parasiten befallen, wie man sowohl aus der Ansammlung und Anordnung des Plasmas um den Kern ersicht, als an der Contraction der linken Endochromplatte, welche Hantelform angenommen hat.

Fig. 10. Pinnularienzelle von der Schalenseite (Sculptur, wie in der vorigen Figur, weggelassen). Im Innern sind vier mit Endochrom beladene Parasiten vorhanden, welche ihre Pseudopodien eingezogen und sich abgerundet haben.

Fig. 11. Pinnularienzelle von der Gürtelbandseite, mit 13 entleerten Schwärmercysten. In zweien sind noch je ein Schwärmer *s* vorhanden. Rings um die leeren Cysten zahlreiche braune Endochrom-Reste.

Fig. 12—13. Individuen von *Stauroneis Phoenicentron*, jedes mit einem jungen Parasiten behaftet. Seine Anwesenheit zeigt sich in der traubigblasigen Anordnung des körnigen Plasmas um den Kern (ähnlich wie bei Pinnularia). In der Mitte ist der Kern zu sehen.

Fig. 14—15. Individuen derselben Art. Die Schalen sind bloss im Umriss gezeichnet. Im Inhalt sieht man je zwei sehr grosse mit bereits gebräunten Endochrom beladene Amoeben.

Fig. 16. Individuum derselben Art mit vier endochrombeladenen Amoeben, von denen zwei in Abrundung begriffen sind. Die zwei anderen Amoebenkörper verändern lebhaft ihre Gestalt. Bei *a* fettartige Masse.

Fig. 17. Exemplar derselben Art, mit fünf zum Theil in Abrundung begriffenen Amoeben.

Fig. 18. Stauroneiszelle mit zwölf Amoeben von denen drei noch von unregelmässiger Form und mit noch unverdautem Endochrom beladen sind, die übrigen neun sich bereits kugelig abgerundet, das Endochrom verdaut und die unverdaulichen Endochromreste fast ganz ausgestossen haben. Ausserdem zeigen einige Bildung feiner Pseudopodien nach Actinophrysart.

Fig. 19. Stauroneiszelle mit acht entleerten Zoocysten (*s*). Die in ihnen gebildeten Schwärmer schwärmen grösstentheils noch in der Wirthszelle umher (*m*) und zeigen deutlich zwei beim lebhaften Schwärmen ausgestreckten Körper polar gestellte Cilien, sowie einen Kern; andere sind bereits zur Ruhe und zur Abrundung gelangt (*n*).

Fig. 20. Dasselbe Object nach 24 stündiger Cultur. Sämmtliche Schwärmer sind zu Kugeln (den jungen Zoocysten) abgerundet.

Fig. 21. Stauroneiszelle mit einigen entleerten (*s*) und sehr zahlreichen jungen Zoocysten, welche letztere die ganze Zelle ausfüllen. In der Mitte, die entleerten Sporocysten zum Theil verdeckend, liegt ein Haufen von braunen Endochromresten. Aller Wahrscheinlichkeit nach stammen die zahlreichen kleinen Kugeln von Schwärmern ab, die in jenen Zoocysten gebildet wurden und sich durch Zweitheilung vermehrten. Die zahlreichen Zoocysten sind deshalb so klein geblieben, weil es den Schwärmern, aus denen sie hervorgingen, in der bereits ihres Inhalts durch die älteren Parasiten beraubten Zelle an Nahrung fehlte.

Fig. 22. Cymbella-Species mit mehreren Zuständen des Parasiten, bei *a* und *b* Schwärmer, mit einer Geissel versehen und amoeboïde Gestaltveränderung des Plasmakörpers zeigend. Sie bewegen sich bald lebhafter, bald schneller in der Wirthszelle umher und entstammen offenbar der entleerten Cyste *c*, welche unter der Dauerspore liegt, zum grossen Theil durch dieselbe verdeckt. *d* Dauerspore mit schwach eckiger Membran und grossem centralen Körper, der aus stark lichtbrechendem Reserveplasma besteht. Ausserdem gewahrt man in der Cymbella eine Anzahl von klümpchenförmigen Resten der Endochromplatten, die der Parasit vor der Fructification ausgestossen.

Fig. 23. Verschiedene Formen des Schwärmers *a* innerhalb weniger Secunden.

Fig. 24. Cymbella-Species. Dauersporen des Parasiten von derselben Beschaffenheit wie Fig. 22, umlagert von Endochrom-Resten.

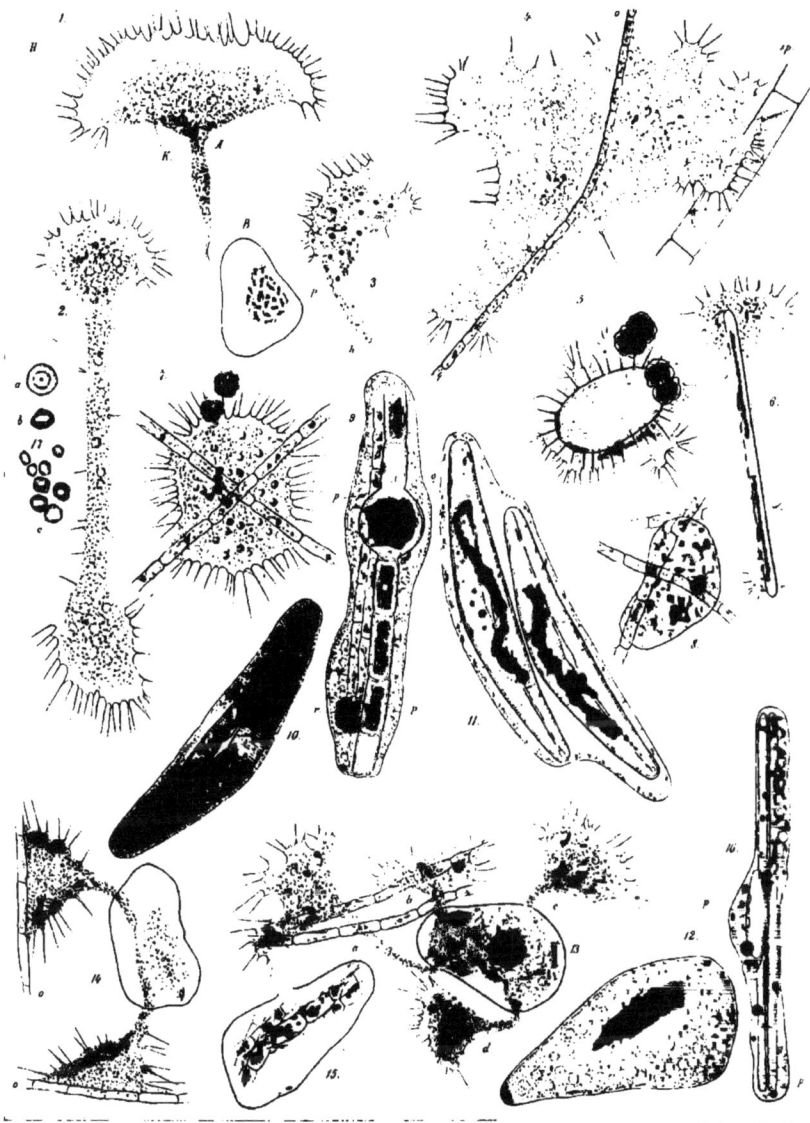

W Zopf ad nat del.

Verlag Veit & Comp. Leipzig.

Lith Anst v E A Funke, Lepz.

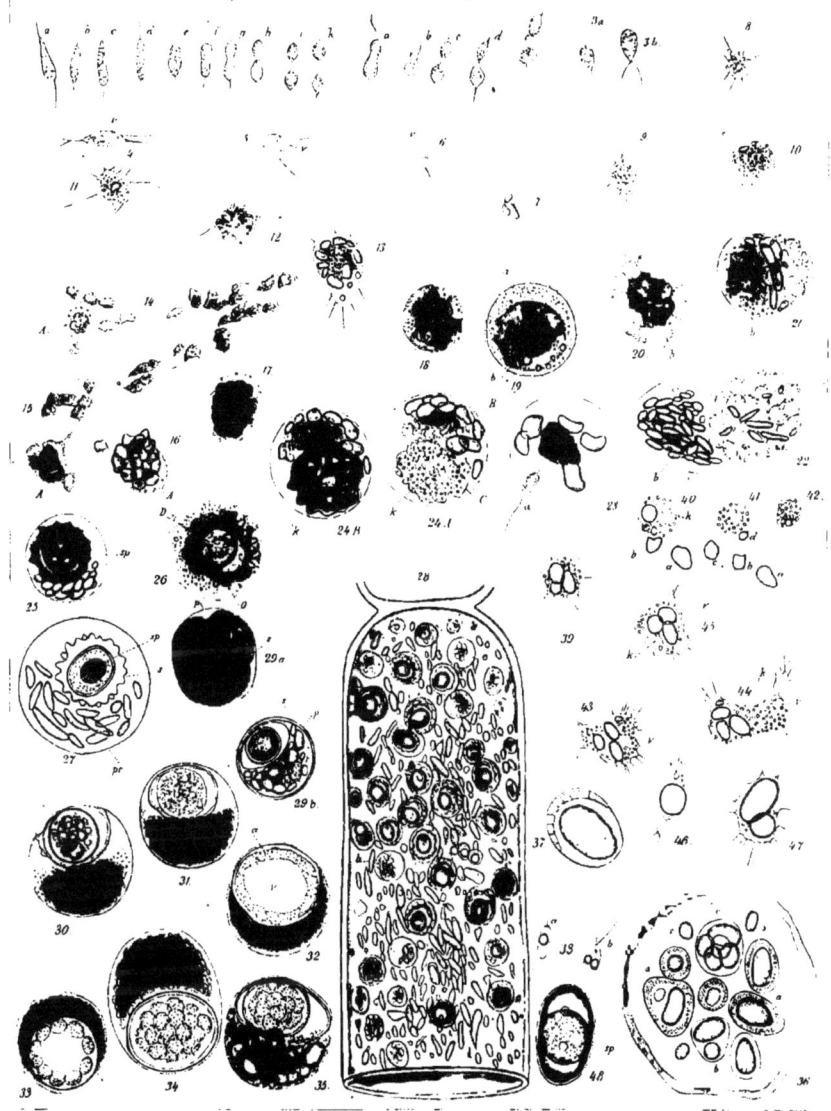

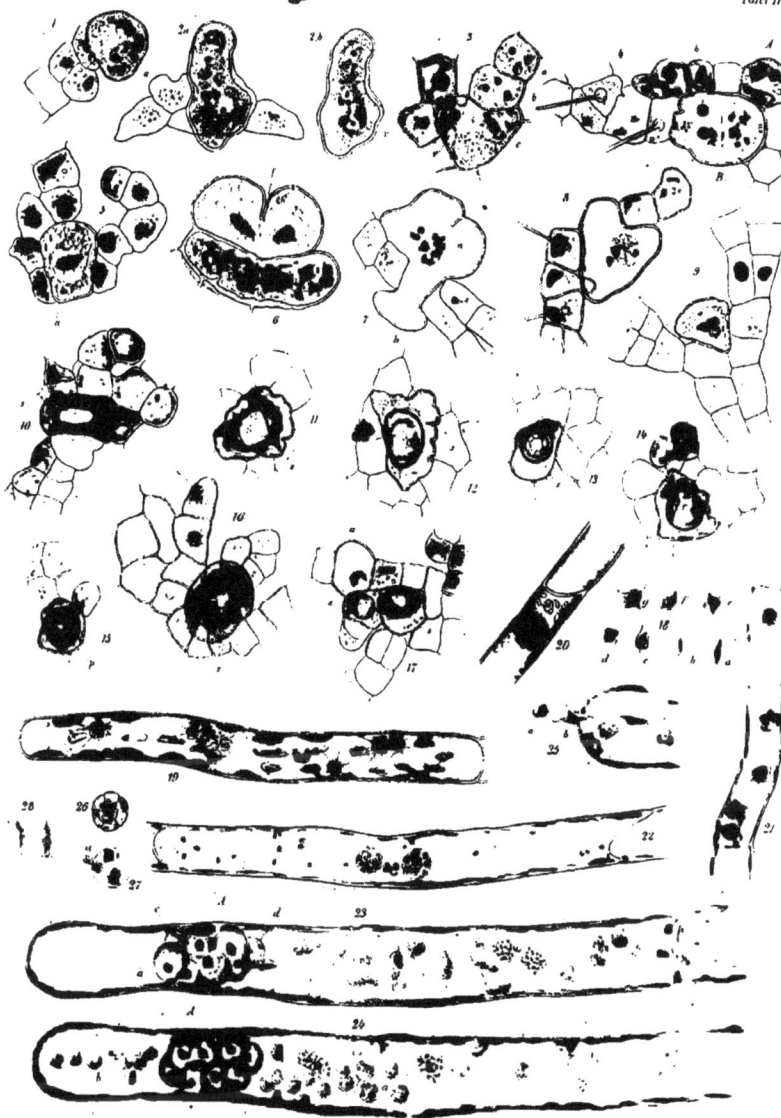

Verlag Veit & Comp. Leipzig

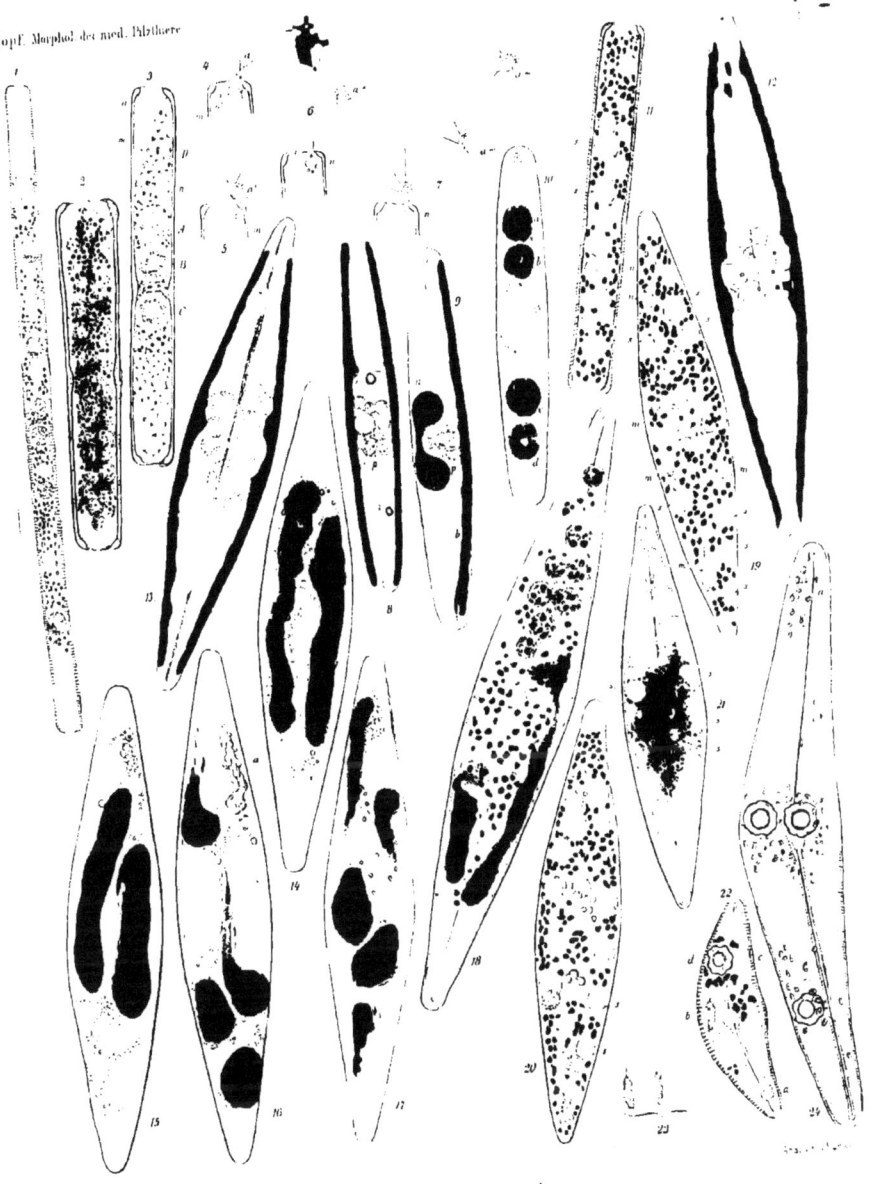

Verlag Veit & Comp.